Le monde : une histoire

mondes contemporains

Les « XXe siècle » français

La France et les Français de 1914 à nos jours

Ludivine Bantigny

Ancienne élève de l'École normale supérieure
Agrégée et docteur en histoire
Maître de conférences à l'université de Rouen

Dans la collection **Le monde : une histoire**
dirigée par Yves Roman

mondes contemporains *série dirigée par Jean-François Muracciole*

- **Les « XXe siècle » français, la France et les Français de 1914 à nos jours,** *par L. Bantigny*
- **Le monde de 1914 à 1945,** *par Y. Billard*
- **L'ONU et la sécurité collective,** *par J.-F. Muracciole*
- **La Grande Guerre. Expériences sociales,** *par F. Rousseau*

- **mondes anciens**, *série dirigée par Yves Roman*
- **mondes médiévaux**, *série dirigée par Christine Bousquet-Labouérie*
- **mondes modernes**, *série dirigée par Hugues Daussy*

ISBN 2-7298-2561-4

www.editions-ellipses.fr

Introduction
La France en 1914

De la « Belle Époque » à l'aube des années 2000, la société française semble avoir tant changé que sans doute, en se regardant au miroir de son histoire, elle ne se reconnaîtrait plus. Pourtant, le cataclysme qui, en 1914, ouvre véritablement le XXe siècle est de ces événements matriciels dont les rémanences et les réminescences sont de très longue durée. C'est à les discerner qu'on s'attellera ici, afin de mieux saisir les permanences et les rythmes variés des évolutions les plus marquantes, afin aussi de mieux prendre la mesure de la place qu'occupe la France dans le monde, d'un siècle à l'autre.

Lorsque la France entre en guerre en août 1914, elle a atteint une sorte d'apogée, à tel point qu'on a pu qualifier l'immédiat avant-guerre de « Belle Époque ». Cette expression a été forgée *a posteriori,* après la catastrophe que fut la guerre : c'est une image mythologique qui a été construite de cette période, regardée après coup comme heureuse et prospère, tel un âge d'or disparu. Pourtant, tout n'est pas faux dans cette vision.

Grâce notamment à l'importance de son Empire colonial, à une diplomatie active (Entente cordiale avec la Grande-Bretagne, alliance franco-russe, l'une et l'autre renforcées par la Triple Entente en 1909), à l'abondance enfin de ses capitaux placés à l'étranger, la France est une puissance reconnue comme telle à l'échelle internationale. C'est un pays riche, parmi les plus riches du monde. Sa monnaie est stable ; la fortune nationale, mesurée en biens fonciers et mobiliers, s'est considérablement accrue au cours des décennies précédentes ; le crédit est facile à obtenir et l'épargne des Français relativement importante. Après la grande dépression des années

1880, on a assisté à un impressionnant redressement et l'économie française, à la veille de la guerre, est florissante. Le constat mérite bien sûr des nuances : ainsi la croissance du secteur agricole est-elle lente, ses structures varient peu. Mais dans l'industrie, les progrès sont notables, en particulier dans certains domaines très dynamiques, comme la sidérurgie (la France est alors le troisième producteur de fer, de nouveaux gisements importants viennent d'avoir été découverts), la chimie (l'entreprise Saint-Gobain est un géant de l'industrie française, avec 20 000 salariés) et surtout des secteurs neufs comme l'aéronautique, l'électricité ou l'automobile.

Mais la situation sociale de la France est contrastée. Certes, le monde ouvrier voit le chômage reculer et les salaires progresser ; il bénéficie en outre des premières lois sociales (sur les accidents du travail, le repos hebdomadaire, la limitation à dix heures de la journée de travail dans l'industrie). La paysannerie profite du rôle protecteur, et même protectionniste, de l'État, la classe politique lui accordant une grande importance. Cependant les chances de promotion sociale, en particulier en milieu ouvrier, sont très faibles.

Certaines pesanteurs constituent, en outre, autant de handicaps. Pesanteur démographique tout d'abord : la France vieillit, les comportements des Français en ce domaine sont essentiellement malthusiens (chute du taux de natalité à 19,3 ‰ contre 32 ‰ en 1820). Si l'espérance de vie s'élève, quoique lentement (48 ans pour les hommes et 52 ans pour les femmes en 1910), grâce au progrès de l'hygiène, à la mise au point de vaccins et à une nourriture plus abondante et plus diversifiée, la mortalité reste forte (18,3 ‰), avec des maux non encore éradiqués comme la tuberculose, la syphilis et un taux d'alcoolisme particulièrement élevé. Dès lors, le poids démographique de la France en Europe est relativement faible : avec 40 millions d'habitants, elle est largement surclassée par la Russie (140 millions), l'Allemagne (65 millions), l'Autriche-Hongrie (51 millions) et la Grande-Bretagne (45 millions).

Pesanteur économico-sociale également : la France est un pays principalement rural (56 % de la population totale, 42 % de la population active et 35 % du revenu national). Face à cette ruralité prépondérante, les autres secteurs de l'économie, tant le secondaire que le tertiaire, progressent moins vite qu'en Allemagne ou en Grande-Bretagne. La société industrielle a vu s'accumuler les retards par rapport aux deux grands voisins européens : retard de la concentration industrielle (la petite entreprise domine encore dans la structure du capitalisme français) où prévalent des industries anciennes, comme le textile ; retard également de l'urbanisation et des équipements collectifs ; retard dans le développement du salariat (46 % de la population active, contre 90 % en Grande-Bretagne). La France mêle donc les éléments les plus modernes et l'archaïsme : ce contraste marquera une grande partie du siècle.

En 1914, la République, troisième du nom, paraît désormais bien enracinée depuis sa proclamation le 4 septembre 1870, après l'effondrement du Second Empire. C'est un régime parlementaire, démocratique et laïque, fort d'une stabilité institutionnelle certaine. Mais cette situation masque des faiblesses réelles. Une moitié des individus est pratiquement exclue de la vie politique, les femmes, qui n'ont pas le droit de vote et ne sont *a fortiori* pas éligibles. Il n'existe aucune politique redistributrice pour pallier les écarts de revenus ; l'impôt sur le revenu (proportionnel) n'est voté qu'à l'été 1914 et n'entre en application qu'en 1917 ; les revendications ouvrières sont encore peu entendues par le pouvoir, et les réformes sociales pour cette partie de la population sont bien moins importantes que dans d'autres pays, comme l'Allemagne notamment.

Sur son flanc gauche, la République est donc confrontée aux aspirations du mouvement ouvrier, qui s'organise pour conquérir de nouveaux droits, par le syndicalisme, et pour propager le projet d'un autre système politique et économique, en rupture avec le capitalisme, par le socialisme. Sur son flanc droit, la République est combattue par les courants politiques qui, héritiers de la Contre-Révolution, se réclament toujours de la monarchie et contestent la souveraineté du peuple et le régime parlementaire.

Mais une tendance de fond semble réunir les Français et toutes les forces politiques : l'attachement à la nation, qui paraît bien unanime. Le nationalisme, sous sa forme patriotique héritée de la Révolution française à gauche, ou sous sa forme antiparlementaire, militariste et cléricale à droite, connaît ses grandes heures. L'école de la République y contribue largement, en exaltant la patrie et en déplorant la perte de l'Alsace et de la Moselle, que l'Allemagne a conquises en 1871. Même dans le mouvement ouvrier, à l'exception de quelques individus et courants révolutionnaires, des traces d'un nationalisme latent se mêlent à l'internationalisme. La guerre les révélera.

Chapitre I
La « Grande Guerre »

Ce sont les contemporains qui, dès 1918, ont associé à la guerre qui s'achevait l'épithète de « grande », tant la violence y fut extrême, tant l'ensemble de la population fut mobilisé, tant le conflit fut total et effroyable.

En 1914, il y a près de dix ans que les tensions entre la France et l'Allemagne se sont aiguisées, même si leurs principales manifestations ont été excentrées par rapport à la métropole. En 1905 en effet, à Tanger, l'empereur d'Allemagne Guillaume II a menacé la France en disant vouloir préserver coûte que coûte les intérêts allemands au Maroc ; c'est encore au Maroc qu'a eu lieu une crise grave en 1911, lorsqu'une canonnière allemande a été envoyée à Agadir, sans doute pour tenter de mettre fin à l'expansion française. L'éventualité d'une guerre se fait donc tangible depuis plusieurs années. L'attentat perpétré le 28 juin 1914 à Sarajevo contre l'archiduc d'Autriche François-Ferdinand déclenche dès lors une activation des alliances diplomatiques en cascade. Le gouvernement austro-hongrois estime que la Serbie est responsable de l'attentat. En soutien à son allié serbe, la Russie mobilise ses troupes ; or la France est pour sa part l'alliée de la Russie et l'Allemagne, celle de l'Autriche-Hongrie. Lorsque le gouvernement allemand enjoint au gouvernement russe, par ultimatum, de cesser la mobilisation, ce dernier refuse, tandis que la France ne le désapprouve pas. Aussi l'Allemagne déclare-t-elle la guerre à la Russie le 1er août et à la France le 3.

La guerre telle qu'elle se dessine est totalement inédite pour la population française : en 1870, il n'y avait pas eu de mobilisation générale. Lorsque celle-ci est décrétée, le 1er août 1914, la résolution et la résignation dominent, parmi les 3,6 millions d'hommes mobilisés pour le combat. La thèse de l'agression allemande est dans tous les esprits. Il s'agit dès lors de défendre sa patrie et son foyer.

I Entrer en guerre

1. L'état des esprits : une « union sacrée » ?

En apparence, les divisions sociales et politiques sont suspendues. Le président de la République Raymond Poincaré trouve une formule exprimant cette trêve : « La France sera héroïquement défendue par tous ses fils, dont rien ne brisera devant l'ennemi l'union sacrée ». Au sommet de l'État, on donne quelques gages de cet esprit de concorde nouvelle. Par exemple, la préfecture de police possédait une liste de tous les militants politiques jugés dangereux (socialistes, anarchistes, syndicalistes...) et susceptibles d'être arrêtés préventivement en cas de guerre : le « carnet B ». Or, le ministre de l'Intérieur Malvy décide de ne pas s'en servir ; c'est une main tendue au mouvement ouvrier. Le gouvernement témoigne également sa sollicitude à l'égard des catholiques : les mesures frappant depuis le début du siècle les congrégations religieuses sont suspendues. De fait, on assiste à une intégration pratique des catholiques dans la République : 25 000 prêtres sont mobilisés ; seule une minorité d'entre eux forme l'aumônerie militaire, les autres se battent au front. De leur côté, les monarchistes de l'Action française, si prompts à honnir la République qu'ils nomment habituellement « la Gueuse », s'apprêtent à soutenir le gouvernement républicain.

Dans le mouvement ouvrier aussi, on se rallie et on accepte la guerre. Cela n'avait pourtant rien d'évident : en 1908, au congrès de la CGT réuni à Marseille, avait été rappelée la formule de Marx et Engels : « Les travailleurs n'ont pas de patrie ». En juillet 1914, la CGT se dit encore « irréductiblement opposée à toute guerre ». Quant au Parti socialiste, la SFIO (Section française de l'Internationale ouvrière), son congrès vient de voter une motion déclarant qu'en cas de conflit, le parti devrait déclencher une grève générale contre la guerre, dans tous les pays concernés. Durant quelques jours, la CGT organise des manifestations pacifistes, mais elle y renonce vite. De la même manière, la SFIO, dont le dirigeant charismatique, Jean Jaurès, ardent pacifiste, a été assassiné le 31 juillet, commence par tenir dans les principales villes de France des réunions en faveur de la paix ; cependant, la direction du parti ne tarde pas à se rallier, tant par crainte de représailles que par patriotisme. Pour la première fois, la SFIO fait son entrée au gouvernement, avec Jules Guesde, ministre d'État, et Marcel Sembat, ministre des Travaux publics ; le président du Conseil est alors René Viviani, un socialiste indépendant.

2. La « der des ders » ?

Pour les contemporains, il paraît certain que c'est là une guerre qui mettra fin à toutes les guerres et qu'elle sera donc la dernière : d'où l'expression de « der des ders ». Chaque camp est assuré d'être porteur d'une civilisation supérieure. En France on pense mener une lutte de la démocratie contre les Empires autoritaires que sont l'Allemagne, l'Autriche-Hongrie et l'Empire ottoman. Il se dessine à partir de cette idée l'attente d'un monde meilleur. En outre la France a été attaquée, estime-t-on, elle doit être défendue.

Le ralliement à la défense nationale procède toutefois d'analyses différentes. La gauche se mobilise au nom de la « guerre pour le droit », par patriotisme soucieux de propager les valeurs républicaines, contre l'Allemagne impériale et militariste. La droite, pour sa part, campe sur la position d'un nationalisme intransigeant et entend lutter contre « l'ennemi héréditaire ».

3. Une guerre qu'on imagine brève

Sur le terrain militaire, le commandement français espère d'abord renouveler une sorte d'offensive « napoléonienne », avec des avancées rapides et des victoires décisives, ce que laisse espérer, dès le 7 août, la prise de Mulhouse par les soldats français. Mais les troupes allemandes franchissent la frontière du Nord de la France, en passant par la Belgique – dont elles violent ainsi la neutralité. Elles avancent alors rapidement, du nord-ouest vers l'est. L'armée française doit battre en retraite, la bataille des frontières est perdue et ce sont les troupes allemandes qui pénètrent profondément dans le territoire français. Le 2 septembre, le gouvernement doit quitter Paris menacé pour Bordeaux, et une partie de la population des régions envahies prend elle aussi le chemin de l'exode. Lors de la bataille de la Marne, entre le 6 et le 9 septembre, au cours de combats d'une extraordinaire violence, les soldats français parviennent cependant à faire reculer quelque peu les troupes adverses ; « la Marne » est une victoire, mais une victoire défensive. Le prix en est élevé : 25 000 morts. Jamais la France n'avait connu une telle hécatombe. Puis le front se stabilise, le long d'une ligne courant du Pas-de-Calais aux Vosges.

II. Vivre et survivre en temps de guerre

1. Une culture de guerre

À partir de décembre 1914, après les premières offensives ennemies, un dixième du territoire français est occupé par les troupes allemandes. Or, il s'agit d'une zone industrielle riche et stratégique, qui comprend notamment les houillères et les usines textiles du Nord ainsi que la métallurgie des Ardennes. Dans les départements occupés, la population vit en permanence sous le contrôle des troupes allemandes ; les réquisitions ajoutent encore à la précarité des conditions de vie. Les exigences imposées aux communes occupées sont énormes. Des milliers de personnes sont contraints à un travail obligatoire au service des troupes adverses. Certaines grandes villes proches du front, comme Reims, connaissent de surcroît la terreur des bombardements.

Dans l'ensemble de la France, le secteur agricole souffre de la guerre, non seulement en raison des départs des hommes pour le front, mais aussi à cause des réquisitions de chevaux, de blé et de farine ; le manque d'engrais nuit aussi à la qualité des récoltes. Les pénuries touchent la population civile, surtout pour le charbon. De manière générale, la vie est chère et précaire.

La guerre est totale et c'est dès lors la violence que l'on retrouve tant dans le vocabulaire des journalistes et des intellectuels que dans la correspondance des soldats et de leur famille où l'ennemi est diabolisé. La mobilisation des individus est partout présente dans les actualités cinématographiques, dans les exercices scolaires, les livres et les jouets pour enfants, dans les cartes postales. Pour financer la guerre, l'État lance un grand « emprunt de la défense nationale », à grand renfort de publicité patriotique et d'affiches lançant fièrement : « On les aura ! », « Pour le drapeau, pour la victoire ! ». Aux sacrifices humains des soldats doivent répondre les sacrifices financiers des civils. Il y a bien là une « culture de guerre ».

2. L'intervention de l'État : une société sous contrôle

Entre septembre et décembre 1914, le gouvernement dispose de tous les pouvoirs et se dispense du contrôle parlementaire. Le Parlement en effet l'a autorisé à gouverner par décrets-lois. Il faut attendre le 22 décembre pour que le Parlement se réunisse à nouveau. À compter de cette date, il siège normalement pendant toute la durée de la guerre, mais sa marge de manœuvre est restreinte, les principales décisions étant prises par le gouvernement et par le commandement militaire. En outre, le Parlement décide immédiatement d'ajourner toute élection ; pendant la guerre, le suffrage universel ne s'exerce donc plus.

Le renforcement du pouvoir exécutif s'accompagne d'un accroissement de la place de l'État. Jusqu'en 1914, on n'en attendait qu'un rôle de protection très ponctuelle. Ses fonctions étaient avant tout « régaliennes », limitées à la police et à la justice, auxquelles on ajoutait l'assistance aux plus pauvres. À présent, son intervention s'exerce tous azimuts : sur la fixation des prix, sur le contrôle des changes, sur l'organisation des transports, sur l'immigration. Ce sont l'État et ses administrations qui organisent les réquisitions et la répartition des matières premières, et qui passent commande aux usines d'armement.

Du fait de la guerre, tous les départements, y compris les trois départements algériens, sont placés en état de siège. Cela signifie qu'un régime d'exception se met en place, dont les conséquences sont graves : des réunions peuvent être interdites, des perquisitions à domicile sans procédure préalable peuvent être effectuées. L'état de siège confère aussi un rôle essentiel aux conseils de guerre, composés seulement de trois juges qui peuvent statuer sans instruction et sans recours possible, privant les prévenus de bon nombre de leurs droits.

En matière de presse, le régime est extrêmement sévère, là encore : le gouvernement est à même de prendre des mesures de censure préventive sans procédure juridique préalable. Bon nombre d'hommes de presse estiment alors que la censure s'exerce moins contre les informations confidentielles liées au déroulement du conflit, que sur des prises de position politiques ; Georges Clemenceau proteste ainsi en débaptisant son journal *L'Homme libre* et en lui donnant pour titre *L'Homme enchaîné*. Toutefois, une presse non conformiste voit aussi le jour durant la guerre, comme *Le Canard enchaîné,* ou se maintient, comme *L'Œuvre,* qui publie en feuilletons le roman d'Henri Barbusse aux accents pacifistes, *Le Feu.*

3. Industries de guerre, industries en guerre

Pour certaines entreprises industrielles, le conflit joue un rôle de moteur du progrès économique. Ce sont surtout les grandes entreprises, dans la chimie (Saint-Gobain, Péchiney), l'automobile (Renault, Citroën), la métallurgie (Schneider, Wendel), qui bénéficient ainsi de la guerre. L'industrie métallurgique en particulier se développe à vive allure, en lien avec les besoins d'armement. Le conflit en cours est bel et bien une guerre industrielle, dans laquelle l'artillerie est privilégiée.

La guerre provoque aussi des mutations dans l'organisation du travail : la taille des usines s'accroît, leur utilisation est rationalisée, la production de masse et en série s'organise, avec la progressive adoption du taylorisme. Une main-d'œuvre féminine remplace les mobilisés à l'usine, dans les transports et les administrations ; en 1917, l'industrie compte 600 000 femmes, soit près de 200 000 de plus qu'en 1913. Malgré cela, la main-d'œuvre manque dans les industries travaillant pour la guerre. Il y avait environ deux millions de chômeurs à la veille du conflit ; ils trouvent pour la plupart à s'employer. On embauche également des ouvriers étrangers, notamment des Chinois, et d'autres qui viennent des colonies – Indochine et Algérie principalement. Les industries françaises font même travailler des prisonniers de guerre. Mais il faut encore rappeler du front environ 500 000 ouvriers. Cette situation crée une distorsion entre ouvriers et paysans, qui eux restent tous sur les champs de bataille.

4. Les colonies mobilisées

La guerre contribue à faire prendre conscience de l'importance que revêt l'Empire colonial, devant le sacrifice des tirailleurs indochinois ou sénégalais venus mourir dans les plaines du Nord et de l'Est, envoyés la plupart du temps en première ligne. Ce sont 600 000 soldats et travailleurs coloniaux qui aident la France dans ce conflit, ce qui représente, pour ces territoires peu peuplés, une importante ponction. Mais l'opinion méconnaît les révoltes qui ont lieu dans l'Empire, celles des peuples d'Indochine ou de Volta en 1915, par exemple, et surtout ces véritables chasses à l'homme menées pour recruter des soldats. Dans son ignorance, la bonne conscience des Français est alors sans faille.

III. Combattre

1. De l'offensive à la guerre de position

Après les grandes batailles des premiers mois, le conflit s'enlise. C'est une longue guerre de position qui commence, et qui durera quatre années. Dès lors, cette guerre ne consiste plus qu'à tenter de gagner quelques pouces de terrain, au prix de milliers de morts chaque jour. « Je les grignote », dit celui qui dirige le haut commandement, le général Joffre, au sujet des soldats allemands : l'expression indique bien le caractère dérisoire des « avancées » de 1915.

À partir du mois de février 1916, le commandement allemand lance une offensive pour tenter de prendre Verdun et sa région parsemée de forts. Toute l'armée française, régiment après régiment, passe alors par Verdun, qui devient « la » bataille par excellence. Pour l'historien Antoine Prost, « une semaine à Verdun, c'est un voyage au bout de la condition humaine, au-delà de tout ce qu'on avait pu imaginer ». Le général Pétain parvient à organiser la défense de la zone et à contenir l'avance allemande : « Verdun » est à nouveau, comme « la Marne », une victoire défensive pour les troupes françaises. Le général Foch conduit ensuite la bataille de la Somme, à l'été 1916, mais une fois de plus les résultats sont négligeables, alors que les pertes, elles, sont effroyables. À la tête de l'état-major français, Joffre est alors remplacé par le général Nivelle.

Celui-ci veut reprendre une stratégie offensive et rompre le front allemand. Mais devant le désastre que constitue, en avril 1917, l'offensive du Chemin des Dames, en Champagne, malgré l'utilisation pour la première fois de chars d'assaut français, un certain nombre de soldats se mutinent. Lors de ces mutineries, on n'assiste néanmoins à aucun phénomène de fraternisation avec les soldats du camp adverse. Les mutins, au nombre de 40 000 environ, ne désertent pas, ils ne tentent pas de quitter le front pour l'intérieur du pays, mais restent dans leurs cantonnements et refusent de monter en ligne, insultant leurs officiers lorsqu'ils les jugent incompétents et chantant parfois « L'Internationale ». Pétain, devenu général en chef des armées françaises, préfère user d'une relative modération dans la répression : on dénombre 629 condamnations à mort et finalement 75 exécutions. Pétain se montre également soucieux d'améliorer, autant que faire se peut, les conditions de vie des soldats, pour le repos et la nourriture, et d'augmenter le rythme des permissions. Il veut aussi faire cesser les offensives qui déciment les troupes sans résultats autres que quelques mètres gagnés sur le champ de bataille. De surcroît, l'entrée en guerre des Américains aux côtés des

Alliés français et britanniques, en avril 1917, laisse espérer un retournement de situation.

2. Souffrances physiques, souffrances psychiques des soldats au front

Tous les seuils de violence connus jusque-là sont dépassés : les travaux des historiens, tels ceux de Stéphane Audoin-Rouzeau, y insistent aujourd'hui. La guerre de position fait apparaître l'artillerie de tranchée, et avec elle les grenades en tir courbe provoquant des lésions inimaginées jusqu'alors. À partir d'avril 1915, les gaz asphyxiants commencent à être utilisés ; c'est une arme redoutable, qui brûle, empoisonne et provoque la terreur chez les soldats. La fatigue nerveuse, les névroses dues au combat sont extrêmes : les soldats, même après avoir été blessés, sont sans cesse ramenés au front, parfois à l'endroit même où ils ont subi leur blessure. C'est dire l'intensité des souffrances physiques et psychiques que ces hommes endurent.

Les services de santé de l'armée sont d'autant plus mal préparés que les moyens manquent, car on escomptait que la guerre ne durerait pas. Cette impréparation conduit à des aberrations : plusieurs mois durant, les soldats français portent un pantalon rouge, pour le moins voyant ; le haut commandement finira par les doter d'un uniforme « bleu horizon », plus discret. Il faut aussi attendre septembre 1915 pour les couvrir d'un casque ; jusqu'alors, ils ne disposaient que d'un képi ; à partir de cette date, la mortalité diminue de 50 % pour les plaies crâniennes. La chirurgie faciale se développe énormément durant cette courte période ; mais plus généralement, c'est l'ensemble des techniques médicales qui connaissent un progrès fulgurant : anesthésie, radiologie et radioscopie, transfusions (apparues en 1917), mais aussi psychiatrie de guerre.

Les conditions de vie au front sont épouvantables, en particulier dans les tranchées. Une différence existe à cet égard entre camp allemand et camp français : dans le premier, l'état-major a d'emblée conçu des tranchées bétonnées, alors que, côté français, on a affaire à des tranchées de terre, qui résistent bien plus mal aux obus et aux effets de la boue. Les soldats souffrent énormément du froid et de l'humidité ; ils ne peuvent jamais vraiment se protéger de la pluie. Les rats et les parasites sont d'autres ennemis du quotidien. Une hygiène minimale est bien difficile à préserver.

3. « Tenir »

On peut dès lors se demander comment les combattants ont « tenu ». De multiples facteurs expliquent que des millions d'hommes aient pu se résoudre à combattre dans des conditions aussi terribles et pendant si longtemps.

Tout d'abord, le service militaire a été, tout au long du XIXe siècle, accepté et intériorisé comme un devoir patriotique qui ne suscite plus de contestation. Accomplir son service est un gage de virilité et le séjour sous les drapeaux apparaît ainsi comme un brevet de citoyenneté masculine. Pendant le conflit, les mutineries et désertions sont extrêmement rares. Cela s'explique en partie par la contrainte et l'obéissance aux ordres. Et puis, ne pas partir à la guerre suppose d'être exilé, stigmatisé, situation souvent insupportable. Le consentement et la soumission sont donc étroitement mêlés.

Le sentiment patriotique est fort à cette époque, l'école de la République l'a nourri depuis des années. « Mourir pour la patrie » a toujours un sens : les soldats au front pensent défendre à la fois leur famille et la France. La foi religieuse peut également jouer pour certains, mais d'autres la perdent au cœur même de la guerre ; ainsi l'écrivain combattant Blaise Cendrars note-t-il dans *La Main coupée* : « Dieu est absent des champs de bataille ».

La pression morale est intense, accroissant la résistance à la souffrance physique et psychique. Cette pression s'exerce elle-même sous différentes formes : la volonté d'être courageux, ou du moins de ne pas se montrer lâche auprès de ses camarades, compte sans doute pour beaucoup. La force du groupe est un élément important pour « tenir » : l'esprit de corps, au sein d'une même unité, intensifie les liens de solidarité entre les soldats. Voir ses camarades tomber à ses côtés peut aussi alimenter chez les survivants la volonté de poursuivre le combat, par respect et en l'honneur des disparus, pour qu'ils ne soient pas morts pour « rien ». Enfin, la coercition et la menace de répression sont considérables ; le commandement fait notamment assister les soldats aux exécutions des réfractaires pour les dissuader encore davantage de les imiter.

« L'arrière » – ceux qui s'enrichissent, ceux qui écrivent sur la guerre sans la connaître, ceux qui la mènent dans les bureaux – est l'objet de toutes les détestations. On l'imagine insouciant, indifférent au sort des soldats, on dénonce « la grande orgie de l'arrière ». La grande presse est discréditée du fait du « bourrage de crâne » qu'elle impose quotidiennement. Cette division front/arrière illustre l'une des déchirures qui traversent la société française, tandis que l'Union sacrée se fissure.

IV. Union et désunions

1. La rupture de l'Union sacrée

À René Viviani succède Aristide Briand en octobre 1915 comme président du Conseil. Petit à petit, les gouvernements se déportent vers la droite : en décembre 1916, un membre de la droite catholique, Denys Cochin, entre au gouvernement. Il n'y a finalement plus de ministres socialistes (Albert Thomas, le dernier, quitte le gouvernement en septembre 1917), tandis que leur parti se déchire. Quant aux radicaux, qui jusqu'alors incarnaient la République et donc étaient censés mener la guerre uniquement pour la défendre, ils participent désormais à des gouvernements dont les finalités sont annexionnistes. Les buts de guerre évoluent en effet : les hommes politiques au pouvoir entendent s'emparer de territoires allemands, sur la rive gauche du Rhin.

Au sein de la SFIO, une minorité commence, dès 1915, à contester vivement l'Union sacrée et la direction ultrapatriote du parti. Cette minorité est d'abord dirigée par Jean Longuet, député de la Seine et petit-fils de Karl Marx, et elle attire de plus en plus de militants, au point qu'elle parvient à prendre la direction de la SFIO, en juillet 1918. Elle dispose d'un journal, *Le Populaire*, et prône une orientation pacifiste. Dans la CGT également, une opposition se structure, menée notamment par le secrétaire de la Fédération des Métaux, Alphonse Merrheim ; celui-ci critique la politique de « collaboration de classe » incarnée par le dirigeant de la CGT, Léon Jouhaux.

À l'échelle de l'Europe, deux Congrès réunissent les forces qui, dans le mouvement ouvrier, s'opposent à la guerre ; ces rencontres ont lieu en Suisse – car elles seraient illégales dans les pays belligérants –, à Zimmerwald en septembre 1915 puis à Kienthal en avril 1916. À Zimmerwald, c'est surtout le pacifisme qui est prôné, avec le thème de la « paix blanche », « sans annexions ni indemnités ». Certaines fédérations syndicales françaises y sont bien représentées, comme celles des métaux et de l'enseignement. Délégués français et allemands se serrent la main, on vote un texte condamnant l'Union sacrée et proclamant l'attachement à la lutte de classes. Tous réprouvent la « guerre impérialiste » et les intérêts capitalistes en jeu. Une minorité se rallie progressivement aux thèses défendues par Lénine et les bolcheviks sur le défaitisme révolutionnaire : c'est de la défaite que viendra la révolution. On trouve notamment dans ce courant révolutionnaire Pierre Monatte, qui anime un journal syndicaliste, *La Vie ouvrière*, auquel collabore activement Léon Trotski, alors réfugié en France.

L'année 1917 voit l'Union sacrée se craqueler puis voler en éclats. En janvier 1917 a lieu une première vague de grèves, dont les revendications sont surtout de nature salariale ; elles sont notamment le fait de femmes, les « cousettes » et « munitionnettes », qui protestent contre la chute du pouvoir d'achat. Mais le 1er mai 1917, on entend nettement dans les manifestations et parmi les grévistes le mot d'ordre « À bas la guerre ! » : les conflits sociaux se politisent. Au cours des mois de mai et juin se déroule un deuxième mouvement de grève, à caractère fortement pacifiste. Dans le bâtiment et l'habillement, on recense 10 000 grévistes. Mais ces grèves, en général spontanées, sans relais d'une ville à l'autre, sont de courte durée. En raison de la censure de la presse, la population est peu informée de ces mobilisations, ce qui contribue à les limiter.

En revanche, en 1918, les grèves, massives, très politiques, sont parfois plus que pacifistes : défaitistes. Il s'agit de mettre fin coûte que coûte à la guerre, cette « boucherie », même au prix de la défaite française. Ces grèves sont cette fois très fortement organisées et structurées, menées par les syndicalistes révolutionnaires comme Pierre Monatte et Alfred Rosmer, et les revendications salariales y sont secondaires.

2. Clemenceau, l'homme providentiel ?

Or, celui qui, depuis novembre 1917, se trouve à la tête du gouvernement, Georges Clemenceau, réprime ces grèves qu'il considère comme traîtres à la patrie. Son évolution politique l'a conduit de l'extrême gauche à un horizon se situant beaucoup plus à droite. Dreyfusard militant, il fut celui qui permit à Zola de publier le célèbre « J'accuse » en lui ouvrant les colonnes de son journal *L'Aurore,* pour défendre le capitaine Dreyfus injustement accusé de trahison. Député radical, il fut à l'origine de la loi sur l'amnistie des Communards qui le rendit très populaire, en 1880. Le surnom de « premier flic de France » lui fut accolé quand, ministre de l'Intérieur puis président du Conseil entre 1906 et 1909, il réprima des grèves ouvrières, fit arrêter les dirigeants de la CGT et même dissoudre provisoirement la confédération syndicale. Mais qu'on le surnomme « le briseur de grève » ou « le Tigre », ce sont toujours son intransigeance et sa détermination qui prévalent, de même que son goût pour l'autorité et l'ordre.

Lorsqu'il revient à la présidence du Conseil en novembre 1917, il a 76 ans et inaugure ainsi ce qui deviendra une tradition : l'appel au « sage », au vieillard à même de redresser la France. Outre la présidence du Conseil, il prend aussi le ministère de la Guerre, collabore avec Foch, et fait de la formule « Je fais la guerre », quelles qu'en soient les conditions et les conséquences, un leitmotiv. L'intérêt qu'il porte au sort des soldats conforte sa popularité. De fait, parce qu'il exige des Français et en particulier des combattants un suprême effort, il se montre très soucieux du moral des troupes et multiplie les visites aux armées. Mais son autoritarisme est vilipendé par ses détracteurs comme une forme de dictature. Oubliant qu'il avait lui-même protesté contre la censure de la presse, il applique avec la même rigueur cette politique qu'il avait tant décriée.

Clemenceau est bien l'archétype de cet « homme providentiel » auquel la vie politique française aura régulièrement recours pour surmonter une crise.

3. La victoire, mais une victoire amère

En mars 1918, Clemenceau reconnaît : « Il faut vraiment avoir l'âme fortement chevillée pour avoir encore confiance ». C'est dire la situation dans laquelle se trouve alors l'armée française. En effet, les troupes allemandes sont parvenues, pour la première fois depuis 1914, à percer le front adverse. En mai 1918, l'armée allemande attaque en Picardie. Suite à cette nouvelle offensive de l'ennemi, un commandement unique est mis en place pour conduire l'ensemble des troupes alliées (britanniques et françaises) ; le général Foch en est chargé. Une contre-offensive est lancée en juillet, qui se révèle victorieuse. Mais Paris est bombardé. Le retournement de situation intervient sur la Marne : c'est donc la deuxième grande bataille « de la Marne » et une autre victoire pour la France et ses alliés britanniques et américains. Les avions et les chars y sont pour beaucoup. Entre août et octobre, les Alliés multiplient les offensives victorieuses. En octobre-novembre, en Autriche-Hongrie et en Allemagne, la situation sociale et politique est bouleversée par une vague révolutionnaire ; alors que les deux Empires s'effondrent, il devient urgent pour le gouvernement allemand de proposer la paix afin de résoudre ce conflit intérieur majeur.

L'armistice est donc signé le 11 novembre. Foch et Pétain sont élevés à la dignité de maréchal – Joffre l'était déjà depuis 1916 : c'est une distinction d'Ancien Régime que la République, après Napoléon Ier, a rétablie pour eux ; ils apparaissent comme des héros nationaux. Quant à Clemenceau, il devient le « Père la Victoire », et sa popularité est immense.

Mais la mort n'en a pas encore fini de faucher massivement. La grippe espagnole fait 200 000 victimes, dont la moitié environ parmi les troupes toujours sur le front. Plus généralement, c'est une France victorieuse certes, mais profondément meurtrie, une France en deuil, qui sort de cette guerre.

« Nous voici repris par la pluie. Ce simple mot, la pluie, qui ne veut presque rien dire pour le citadin [...], ce mot contient toute l'horreur du soldat en campagne. » (*L'Horizon*, juillet 1918).

« Le danger, l'attente, l'image obsédante de la mort ont endurci notre âme et c'est l'indifférence qui est devenue l'inhumaine cuirasse nous protégeant de sentiments trop humains. Le moins souffrir, c'est le mieux. Un tel est mort ? Pauvre diable ! Et l'on n'y pense plus une minute après. » (*L'Argonaute*, juin 1918).

« Il n'a guère qu'un minimum de haine, le minimum nécessaire à la poursuite de la guerre. Mais il existe et il suffit. Cet irréductible noyau est en chacun de nous mais sans que nous jugions nécessaire de l'entourer des grands mots chers aux bourreurs de crânes et aux bravaches. Sans lui, le front ne pourrait exister : il se dissoudrait comme le front russe. » (*Le Tord-boyau*, juin-juillet 1918).

Extraits de la presse des tranchées cités *in* Stéphane Audoin-Rouzeau, *À travers leurs journaux : 14-18. Les combattants des tranchées*, Paris, Armand Colin, 1986.

Figure 1. Les évolutions de la ligne de front

Chapitre II

Les années 1920 : ni « folles », ni fastes

Au sortir de la guerre, la France semble au faîte de sa puissance : elle représente la première force militaire européenne ; sur le plan intérieur, la République est consolidée par la victoire. Mais les traces du conflit sont partout, et le régime républicain en garde un temps encore les marques : la fin de l'état de siège n'intervient qu'au bout d'un an, de sorte que, jusqu'en octobre 1919, le gouvernement dispose de pouvoirs de surveillance et de répression très importants. La censure de la presse s'exerce encore, même après la signature du traité de paix. Cependant, la guerre laisse surtout des séquelles de long terme : un traumatisme gigantesque bouleverse la société française.

D'où peut bien venir alors l'expression d'« années folles » accolée à cette période ? La vie culturelle inquiète certains esprits, soit en raison de l'importance croissante de la culture de masse, soit par des tendances artistiques jugées incompréhensibles, comme le cubisme ou le surréalisme. Dans les dancings parisiens, on s'étourdit en des charlestons effrénés, comme s'il s'agissait de vivre pleinement, follement, après le conflit. Certaines femmes expriment aussi leur désir d'émancipation ; le symbole en est leur coupe de cheveux « à la garçonne ». *La Garçonne* : c'est le titre d'un roman à succès de Victor Margueritte qui fait scandale en 1922, en campant une femme libérée. Tout cela suffit à l'époque pour forger l'expression d'« années folles ». Pourtant, la formule est de toute évidence à relativiser ; elle ne décrit que des tendances marginales dans la société. Celle-ci ne se relève que lentement de la guerre, et peine à panser ses blessures.

I. Le sceau de la guerre

1. La mort, partout présente

1,3 million : c'est le nombre de soldats français tués à la guerre. Durant les quatre années du conflit, en moyenne, 900 hommes sont morts chaque jour. Au total, 16,8 % des mobilisés ont perdu la vie, et parmi les jeunes hommes de vingt à vingt-sept ans partis au front, un sur trois a péri. 900 000 parents ont perdu au moins un fils, 700 000 enfants ont perdu leur père, 600 000 femmes se retrouvent veuves. Pour les familles, le travail de deuil est souvent d'autant plus difficile à entreprendre que le corps du soldat a disparu ou est déjà inhumé et que les obsèques, dès lors, sont rendues impossibles.

La catégorie la plus touchée est celle des paysans, généralement enrôlés comme fantassins : or, la guerre de tranchées a été principalement une guerre d'infanterie. Les ouvriers ont été eux aussi extrêmement nombreux à laisser leur vie sur les champs de bataille, mais beaucoup ont été mobilisés par leurs entreprises, sur décision de l'État, et ainsi écartés du front. Un autre phénomène marquant réside dans les immenses pertes qu'ont connues les élites intellectuelles, proportionnellement à leur nombre : les enseignants, notamment les instituteurs (en pourcentage, cette catégorie compte le plus grand nombre de morts), ou encore les élèves des Grandes Écoles – souvent officiers, principalement lieutenants, ils étaient par là même extrêmement exposés sur la ligne de feu.

Si le jour de l'armistice, le pays fête sa victoire, la population rend très vite hommage à tous ces sacrifiés. Partout, dans les plus petites communes de France, les monuments aux morts couvrent le pays comme une « parure de pierres », selon l'expression de Jean-Jacques Becker, et rappellent l'ampleur du massacre. Ils sont rarement guerriers et belliqueux, rarement pacifistes – on trouve quelques cas de formules telles que « Maudite soit la guerre ». La plupart disent le courage et le dévouement des combattants, mais aussi le deuil et l'affliction, par la représentation de soldats agonisants, de veuves et d'orphelins. Mais le plus souvent, la mort y est comme transfigurée, et les soldats, héroïsés. Parfois, la Victoire apparaît en allégorie, celle d'une femme ailée tenant une couronne : c'est alors le triomphe de la France qui est célébré. Ces monuments poursuivent en quelque sorte la mobilisation nationale née de la guerre. Le 11 novembre 1920, la dépouille d'un soldat inconnu est enterrée au pied de l'Arc de Triomphe, représentant tous les soldats restés sans sépulture et tous les morts sans nom, faute d'identification. À Douaumont, près de Verdun, un ossuaire est édifié pour ceux que le carnage a réduits à l'état d'os dispersés. L'empreinte de la guerre se fige donc dans l'espace ; elle s'inscrit aussi dans le temps et le calendrier : en 1922, le 11 novembre devient fête nationale.

2. Les anciens combattants dans la société française

Outre ces morts, 2,8 millions de combattants sont revenus blessés, parmi lesquels 15 000 « gueules cassées », ces hommes, jeunes la plupart du temps, horriblement défigurés. Leur réinsertion dans la société est extrêmement difficile. Invalides et mutilés nourrissent au quotidien le spectacle des atrocités laissées par la guerre.

Plus généralement, c'est un groupe social nouveau qui émerge et prend une place essentielle dans la société française : les anciens combattants. Ils sont partout présents, puisque toutes les couches de la population masculine ont été enrôlées. Par exemple, la Chambre élue en novembre 1919 est appelée Chambre « bleu horizon » en raison du nombre important de députés anciens combattants (le bleu étant la couleur de l'uniforme français).

Très vite, dès 1915 en fait, ceux qui ont combattu se regroupent et s'organisent, de sorte que les associations d'anciens combattants rassemblent plus de trois millions d'adhérents en 1930, chiffre considérable : chaque commune ou presque a sa section ; certaines professions ont aussi leurs associations spécifiques. Ces organisations sont structurées non pas en fonction de l'appartenance aux régiments, mais géographiquement : ce sont des associations civiles et non militaires. Elles reflètent en revanche les divisions politiques. Les deux principales sont l'Union fédérale, proche de la gauche radicale et socialiste, et l'Union nationale des combattants (UNC), de droite. Le tout jeune Parti communiste influence de son côté l'Association républicaine des anciens combattants (ARAC).

L'attachement à l'autorité est l'une des caractéristiques de l'esprit « ancien combattant ». Les soldats ont cru pouvoir mesurer au feu l'efficacité de l'obéissance aux ordres lorsque les officiers étaient dignes de leur respect. Dès lors, beaucoup se reconnaissent, en politique, dans l'idée d'un pouvoir exécutif fort mais démocratique, seul considéré comme efficace. Si l'on a souvent attribué aux anciens combattants un esprit belliqueux, il faut souligner tout au contraire, à la suite d'Antoine Prost, que le pacifisme domine chez la plupart. Avec le sentiment d'horreur partagé devant le carnage, la mythologie de la guerre héroïque s'estompe, voire s'effondre.

3. Militarisme *versus* pacifisme

Pour éviter une nouvelle guerre, deux positions principales s'affrontent. Certains veulent avant tout affaiblir l'Allemagne, considérée comme seule responsable du conflit. L'argument est défendu par Clemenceau à Versailles – c'est en effet au château du « Roi Soleil » qu'est signé en juin 1919 le traité réglant le conflit avec l'Allemagne : ce symbole témoigne de l'apogée de prestige auquel la France se trouve alors. De fait, le traité de Versailles inscrit noir sur blanc que l'Allemagne est responsable du déclenchement de la guerre. La France doit donc recevoir de fortes « réparations » financières, car c'est elle qui a souffert de toutes les destructions causées par le conflit, puisque les combats se sont déroulés sur son sol. Elle récupère l'Alsace et la Moselle, et obtient aussi de pouvoir occuper la rive gauche du Rhin pendant quinze ans, tandis que la Rhénanie est démilitarisée. Cependant, à Versailles, Clemenceau n'arrache pas tout ce qu'il souhaitait exiger : alors qu'il envisageait l'annexion définitive de cette rive gauche du Rhin et le partage de l'Allemagne, David Lloyd George, le Premier ministre britannique, et Thomas Woodrow Wilson, le président des États-Unis, se refusent à créer une sorte d'« Alsace-Lorraine inversée », qui engendrerait rancœur et ressentiment dangereux pour la préservation de la paix. Peut-être la Grande-Bretagne craint-elle aussi de voir la France devenir une trop grande puissance. Si le principe des « réparations » que l'Allemagne doit verser à ses anciens ennemis figure dans le traité, celui-ci n'en précise ni le rythme ni l'échéance. Clemenceau a donc reculé sur ces points, espérant s'assurer le soutien à long terme des États-Unis et de la Grande-Bretagne.

L'autre position défendue pour empêcher un nouveau conflit réside dans la politique de soutien à la toute nouvelle Société des nations, présentée comme le triomphe de la démocratie. Aristide Briand, en particulier, se fait l'apôtre de la SDN, installée à Genève – c'est pourquoi l'on qualifie ce courant pacifiste international d'« esprit de Genève ». L'idée principale est de rapprocher les peuples en favorisant la délibération dans les relations internationales, au moyen d'une diplomatie concertée à l'échelle mondiale plus qu'au niveau bilatéral. Cependant, la SDN est une organisation sans grand pouvoir et demeure avant tout un lieu de consultation et non de décision.

Guerre et paix sont donc des sujets décisifs à cette époque, d'autant que le conflit a traîné dans son sillage de graves problèmes pour la société française.

II. Problèmes et tensions : au cœur et aux marges de la société française

1. Une France affaiblie

L'affaiblissement démographique de la France, tout d'abord, frappe les esprits. À cet égard, le poids de la guerre est plus élevé en France qu'en Allemagne où la population est plus nombreuse (60 millions d'habitants contre 40 millions en France). Ceux qui sont morts à la guerre étaient dans leur écrasante majorité des hommes jeunes, en âge d'avoir des enfants. C'est pourquoi, en plus de la saignée engendrée par les massacres directs de la guerre, il existe un autre déficit démographique, observable comme un « trou » sur la pyramide des âges : le faible nombre de naissances caractéristique de cette période. On estime à 1,6 million les naissances annulées par le conflit. C'est ainsi qu'une réflexion est menée, à l'échelle nationale, sur les solutions à mettre en œuvre pour remédier au déclin démographique. Une politique familiale est engagée, au moyen d'allocations versées par l'État (270 000 familles en bénéficient au cours des années 1920) tandis que les caisses privées se multiplient également. Le volet répressif de cette politique trouve son illustration dans la loi de 1920 poursuivant la contraception et l'avortement ; la propagande anticonceptionnelle est interdite ; les « faiseuses d'ange » sont passibles de la peine de mort.

La guerre a aussi creusé son sillon dans le paysage, à la ville comme à la campagne. 230 000 édifices ont été détruits ; 62 000 kilomètres de routes et chemins et 5 500 kilomètres de voies ferrées doivent être rétablis ; 3 millions d'hectares cultivables ont été ravagés par les combats. Certains villages ont été purement et simplement anéantis. Il faut reconstruire.

Par là même, l'ampleur des problèmes financiers fait également partie de ce lourd héritage. Le poids de la guerre est énorme : la dette extérieure, contractée surtout auprès des États-Unis et de la Grande-Bretagne, représente 39,5 milliards de francs-or, et la dette intérieure, 75 milliards ; plus de 40 % des rentrées fiscales vont au service de la dette et 16 % aux pensions des anciens combattants et veuves de guerre. Pendant le conflit, pour financer les dépenses de guerre, l'État avait eu recours à l'inflation mais aussi à des emprunts à court terme ; une telle politique se poursuit, cette fois pour procéder à la reconstruction.

Ces difficultés ont une incidence directe sur la monnaie et sa valeur. Le franc qui avait cours jusqu'en 1914, le fameux « franc germinal », correspondait encore au louis du XVIIIe siècle ; la valeur de la monnaie n'avait pas varié durant près de deux siècles, sauf au cours de la Révolution française. Les années d'après-guerre sont au contraire marquées par la crise du franc. Celle-ci revêt une grande importance aux yeux des Français qui, en raison de la stabilité séculaire de leur monnaie, avaient pris l'habitude d'épargner ; or, ils voient peu à peu fondre leur épargne du fait de cette dévalorisation monétaire.

2. Le renouveau de la lutte des classes

Plus généralement, les conditions de vie de la population sont difficiles – on est loin, à cet égard, de pouvoir parler d'« années folles ». Les prix augmentent plus vite que les salaires et le ravitaillement laisse à désirer. Cela explique que, quelques mois après la fin de la guerre, un puissant mouvement de grève soulève le pays et concerne de très nombreux secteurs, en particulier les mines, la métallurgie, la mécanique, mais aussi les banques, les transports, l'industrie de la chaussure. Ces grèves de 1919 touchent 1,3 million de travailleurs. Elles sont durement réprimées : Clemenceau interdit les manifestations du 1er mai 1919. Malgré cela, 500 000 manifestants défilent à Paris : la situation inédite. Les affrontements avec la police font un mort parmi les manifestants. Beaucoup sont poursuivis. Le gouvernement donne alors satisfaction à une revendication que le mouvement ouvrier portait depuis la fin du XIXe siècle : la journée de travail de huit heures. Pour contrer la grève générale qui se prépare à l'été, Clemenceau promet par ailleurs la démobilisation générale en septembre pour tous les soldats encore au front malgré la fin de la guerre et l'amnistie pour les travailleurs emprisonnés suite aux arrestations de mai.

L'année suivante se produit une nouvelle vague de grèves : en mai 1920, on compte encore environ 1,1 million de grévistes. Le mouvement est relancé par les cheminots, mais la CGT se contente d'organiser quelques grèves de soutien en leur faveur, sans chercher à généraliser le mouvement. Alors que la grève s'étend, surtout chez les métallurgistes, les mineurs et les dockers, gouvernement et employeurs font face de manière soudée ; ils font par exemple appel à des élèves de Grandes Écoles et à des ingénieurs pour conduire les locomotives. La répression est très lourde, une fois de plus : 18 000 cheminots sont révoqués. Une telle répression aura des conséquences à long terme, freinant voire paralysant la combativité syndicale dans les chemins de fer pendant plus de dix ans. Mais c'est l'ensemble du mouvement syndical qui est touché ; un cycle de grèves se referme, qui ne se rouvrira qu'en 1936, au moment du Front populaire.

Pourtant, le syndicalisme est puissant. La CGT rassemble en 1920 plus d'un million et demi de membres. Mais une scission intervient en son sein l'année suivante : certains dénoncent la trahison de Léon Jouhaux au moment de l'Union sacrée et sa pusillanimité durant les grèves de 1919-1920. Il existe désormais une CGT et une CGTU (Confédération générale du travail unitaire), proche du tout nouveau Parti communiste, qui rallie bon nombre de jeunes ouvriers. La CGTU se propose d'accroître la conscience de classe des travailleurs et de politiser leurs luttes. La CGT, pour sa part, répugne à s'associer à un parti et surtout refuse la perspective révolutionnaire que la CGTU, s'inspirant de la Révolution d'Octobre 1917 en Russie, défend ; elle étend son influence à d'autres catégories sociales que les ouvriers d'industrie, comme les employés et fonctionnaires, et recrute près de la moitié de ses membres dans la Fonction publique.

Pour contrer cette force syndicale ouvrière, le patronat, de son côté, s'organise également en fondant en 1919 la Confédération générale de la production française (CGPF).

3. Chrétiens dans la République

En novembre 1919 est aussi créée la Confédération française des travailleurs chrétiens (CFTC), sur la base de la justice et de la charité chrétiennes. Le nouveau syndicat est acquis à la doctrine sociale de l'Église et au principe de la collaboration entre patrons et ouvriers au nom de la fraternité ; il récuse par conséquent la lutte de classes. Pour cette raison, les syndicalistes de la CGT considèrent souvent ses adhérents comme des adversaires, des « jaunes », collaborant avec le patronat. La CFTC compte 150 000 adhérents en 1920 ; elle recrute surtout dans les franges les plus élevées des travailleurs et parmi la main-d'œuvre féminine. Elle touche davantage les employés que les ouvriers de la grande industrie, mais s'implante aussi dans les usines textiles du Nord par exemple. Le pape lui-même, en 1926, bénit la CFTC.

Ce mouvement chrétien est une illustration, parmi d'autres, de l'intégration croissante des catholiques dans la République. On parle à ce propos de « Second Ralliement », prolongeant celui qui était intervenu dans les années 1890. En effet, longtemps fidèles, en politique, au seul régime monarchique, les catholiques dans leur grande majorité acceptent désormais la République. L'Église catholique entend à présent lutter contre les friches religieuses que constituent notamment les banlieues des grandes villes ; en 1927 est ainsi fondée la Jeunesse ouvrière chrétienne (JOC). Tout ce courant dit d'Action catholique spécialisée (JOC, mais aussi JAC – Jeunesse agricole chrétienne – et JEC – Jeunesse étudiante chrétienne) vise à répandre la foi et à apporter l'Évangile à ceux qui le méconnaissent. Mais, comme son nom l'indique, ce souci de prosélytisme doit passer par l'action : il y a lieu d'agir concrètement pour humaniser la condition ouvrière et paysanne. Pour les jeunes chrétiens engagés dans ce courant, il s'agit de devenir acteurs des transformations sociales, de les encourager, voire de les provoquer. Un nouveau clergé, composé notamment d'aumôniers, apparaît aussi, plus proche des laïcs et déployant une grande activité. Dans le même temps, toute une presse catholique se développe de façon fulgurante, surtout *Ouest Éclair,* de tendance démocrate-chrétienne.

4. Premiers soubresauts dans l'Empire colonial

La guerre enfin à des répercussions directes dans les colonies : à l'issue du conflit, l'Empire colonial français atteint sa plus grande ampleur géographique, puisque la France reçoit la Syrie et le Liban, issus du démantèlement de l'Empire ottoman et confiés comme mandats par la SDN, ainsi que le Togo et le Cameroun, anciennes colonies allemandes. Toutefois la métropole se heurte très vite à des oppositions contestant la présence coloniale. En Syrie, la dynastie hachémite revendique son droit à régner ; la France y envoie des troupes commandées par les généraux Gouraud et Sarrail, tandis que le général Gamelin doit lutter contre un soulèvement au Liban. Mais c'est surtout au Maroc que la crise est la plus violente : en 1924, une révolte menée par Abdel-Krim s'en prend aux colons espagnols et menace la partie française du Rif, région montagneuse située sur la côte méditerranéenne du Maroc. Le maréchal Pétain est placé à la tête des troupes françaises pour réprimer le soulèvement.

De fait, la remise en cause du bien-fondé de la colonisation est politique et culturelle, même si elle demeure très minoritaire. Grâce aux progrès de l'ethnologie battant en brèche la thèse de la prééminence de la race blanche jusque-là en vigueur, certains commencent à découvrir, en métropole, que la culture et la civilisation européennes ne sont pas supérieures. Certes, ce sont essentiellement des intellectuels qui dénoncent l'exploitation imposée aux colonisés, comme André Gide dépeignant dans son *Voyage au Congo* les horribles conditions de travail des Noirs pour la construction du chemin de fer reliant Brazzaville à Dakar, comme André Malraux dans sa revue *Indochine,* ou comme Andrée Viollis décrivant dans *SOS Indochine* la vie des paysans pauvres et des travailleurs indochinois. Mais cette réprobation est plus ample encore et sa portée plus grande lorsque la France se voit condamnée en 1920 par le Bureau international du travail pour le travail forcé qu'elle pratique et pour le Code de l'indigénat, qui n'impose pratiquement que des interdictions et aucun droit aux travailleurs coloniaux.

Toutes ces tensions s'incarnent et se reflètent dans les forces qui se disputent le terrain de la lutte politique et la conquête du pouvoir. De ce point de vue encore, la guerre a profondément bouleversé le paysage.

III. Les forces politiques en présence et leur affrontement

1. Socialistes et communistes : des frères ennemis ?

Sur la gauche de l'échiquier politique, la guerre est directement porteuse de discussions et de divisions nouvelles. Il apparaît nettement qu'en rejoignant l'Union sacrée et en abandonnant la lutte de classes au profit d'une alliance de toutes les classes dans chaque pays, la IIe Internationale a failli. Toute la question est de savoir s'il faut désormais la saborder pour fonder une nouvelle organisation internationaliste, ou la redresser. En France, c'est l'un des enjeux majeurs du Congrès de Tours, qui se tient en décembre 1920. À l'issue du Congrès, la scission est consommée. De la SFIO se détache le PC-SFIC, Parti communiste Section française de l'Internationale communiste, qui garde le journal *L'Humanité* et qui compte d'abord un nombre d'adhérents plus de deux fois supérieur à celui de la SFIO (120 000 contre 50 000). Il rejoint la IIIe Internationale fondée à Moscou en janvier 1919, en acceptant ses vingt et une conditions, entre autres le centralisme démocratique, l'intervention des militants pour former des noyaux communistes dans les syndicats, l'exclusion des réformistes, l'organisation clandestine s'il le faut.

L'espoir soulevé par la Révolution d'Octobre 1917 en Russie est alors immense, c'est une « grande lueur née à l'Est », selon l'expression de l'écrivain Jules Romains, enthousiasmant tout à la fois de jeunes ouvriers qui se rallient massivement au Parti communiste, dans les premières années de son existence, et des artistes, des écrivains, des intellectuels qui deviennent adhérents ou « compagnons de route » du PC-SFIC. Un très grand nombre appartient à la « génération du feu » et s'engage par haine de la guerre et pour un renversement radical du système qui l'a permise. D'autres, plus jeunes, n'ont pas combattu mais ont été marqués eux aussi par le conflit et placent leurs espérances dans la révolution, séduits par la radicale nouveauté de l'expérience. L'avant-garde artistique, représentée notamment par les surréalistes (Aragon, Breton, Eluard, Péret), se mêle d'action politique, la révolution communiste semblant réaliser dans l'ordre politique ce qu'ils ambitionnent dans l'ordre esthétique. Ce qui réunit tous ces militants et sympathisants, c'est l'espoir d'un monde nouveau, à conquérir par la révolution prolétarienne.

Cependant, dès 1923 et sous l'autorité de Moscou, la direction du PC en vient à épurer ses rangs, à la fois de ceux qui sont considérés comme « centristes », et d'une aile gauche venue de l'anarcho-syndicalisme et qualifiée de « trotskyste ». Au sujet de cette reprise en main, on parle souvent d'une « bolchevisation » du parti. L'expression est à la fois juste et fausse : juste, dans la mesure où le PC devient plus homogène politiquement et se resserre autour de positions de principe ; mais alors que le bolchevisme signifie en théorie le centralisme démocratique (la démocratie dans la discussion et l'unité dans l'action), c'est désormais le centralisme qui domine, sans la démocratie. Le parti n'accepte guère de tendances en son sein, par exemple ; la liberté d'expression y est très réduite. La direction procède par exclusions massives, affirmant ainsi son sectarisme et son autoritarisme. La stratégie politique adoptée alors est appelée « classe contre classe » : en dehors des communistes, tous sont considérés comme des ennemis de classe, y compris les socialistes, que l'on accuse d'être des « sociaux-traîtres » et avec lesquels il n'est nullement question de constituer des alliances. Le PC perd dès lors de très nombreux adhérents au cours des années 1920 : à la fin de la décennie, il n'en compte plus que 30 000 environ.

Le PC-SFIC est toutefois très présent dans les grandes villes ouvrières, principalement dans les banlieues, dont il parvient à conquérir certaines municipalités comme Saint-Denis ou Ivry : c'est la « banlieue rouge » qui se constitue ainsi. Mais il est également bien implanté dans certaines régions rurales, surtout sur le pourtour du Massif central, zones qui ont développé une forte tradition « rouge » depuis le milieu du XIXe siècle et la révolution de 1848. Le parti est organisé en « cellules », le plus souvent d'entreprises, éventuellement d'universités et de lycées et, dans une moindre mesure, de quartiers. Une telle structuration lui permet d'intervenir directement sur les lieux de travail, en liaison étroite avec le syndicat qu'il dirige, la CGTU. Pour les militants, en général très dévoués et qui consacrent beaucoup de temps et d'énergie à leur engagement, le parti est une sorte de deuxième famille, qu'il est bien difficile de se résoudre à quitter en cas de désaccord politique.

Le rôle du Parti communiste est décisif notamment dans la fracture du consensus colonial. La lutte contre le colonialisme, méfait par excellence de l'impérialisme capitaliste, est une priorité : c'est même la huitième des vingt et une conditions pour adhérer à l'Internationale communiste. Le PC est, à cet égard, le seul parti politique en France pour lequel l'anticolonialisme est doctrine officielle. Son action la plus spectaculaire a lieu durant la guerre du Rif : Jacques Doriot, député communiste, défend Abdel-Krim et lui adresse un message de félicitations. Aussi la position anticolonialiste du PC fait-elle dire à l'un des dirigeants du Parti radical, Albert Sarraut, plagiant la formule employée jadis par Gambetta contre le cléricalisme : « Le communisme, voilà l'ennemi ! ».

Face à cette situation nouvelle, la SFIO hésite entre deux politiques : s'allier avec les radicaux, plus à droite, et les soutenir sur le terrain électoral, ou bien faire cavalier seul, au risque de l'isolement. Le parti pratique tour à tour l'une et l'autre démarche. Petit à petit, la SFIO profite de la marginalisation du Parti communiste et regagne des militants : ils sont 30 000 au début des années 1920, mais 130 000 à la fin de la décennie. La présence socialiste est toujours forte dans les localités ouvrières ; les plus grosses fédérations sont enracinées dans le Nord, le Pas-de-Calais, les Bouches-du-Rhône et la Seine. Quant à la composition sociale de la SFIO, elle englobe autant les classes moyennes que les ouvriers. L'électorat du Parti socialiste compte une proportion croissante d'instituteurs et, plus généralement, de fonctionnaires ; on peut parler de « déprolétarisation » à son sujet, bien amorcée à la fin des années 1920. Nombre de ses adhérents sont également d'origine rurale. Mais la presse de la SFIO a nettement moins d'influence que celle du Parti communiste ; son journal, *Le Populaire,* tire deux fois moins d'exemplaires que *L'Humanité.*

2. Le Parti radical, pilier de la République

À la différence des partis communiste et socialiste qui se réclament du marxisme, le radicalisme rejette toute idée de révolution. Il s'inscrit dans une voie moyenne entre le libéralisme économique, qui assure le triomphe des « gros » sur les « petits », et le socialisme, qui remet en cause la propriété privée des moyens de production. Les radicaux au contraire sont très respectueux de la propriété. Le radicalisme a aussi une longue tradition anticléricale, considérant l'Église comme porteuse d'obscurantisme ; face à elle, il convient de promouvoir l'école républicaine : les radicaux croient en la méritocratie par l'école. Récusant la notion de classe, le Parti radical se veut le parti du peuple de France. Mais ce sont de fait les classes moyennes qui composent l'essentiel de son électorat : commerçants, artisans, agriculteurs exploitants principalement.

Au cours des années 1920, le Parti radical se trouve au sommet de son influence : il est puissant, bien organisé, et constitue un rouage majeur dans la vie politique française, indispensable pour la formation des gouvernements. À sa tête se trouvent alors deux personnalités qui semblent incarner typiquement cette « méritocratie républicaine » et ce que l'observateur de la vie politique française Albert Thibaudet a appelé alors « la République des professeurs » : Édouard Herriot, ancien élève de l'École normale supérieure, et Édouard Daladier, professeur agrégé d'histoire.

Mais à cette époque, la querelle religieuse et la défense de la laïcité, cheval de bataille des radicaux avant-guerre, ne se posent plus avec autant d'acuité qu'au début du siècle, quand il s'agissait d'imposer notamment la Séparation de l'Église et de l'État, d'autant moins que, avec la guerre, l'Église s'est ralliée à la République. Dès lors, ce qui constituait le socle majeur du programme radical s'effondre et le parti oscille, faute d'orientation politique tranchée, participant à des coalitions de gauche et de droite. Même s'il est toujours considéré, et se définit lui-même, comme de gauche, le Parti radical évolue en fait très nettement vers le centre.

3. La droite parlementaire et ligueuse

Après la guerre et l'Union sacrée, le temps est passé où l'on ne pouvait pas être tout à la fois « de droite » et républicain. La droite allie désormais républicanisme et nationalisme ; elle accepte sans hésitation ni scrupule de participer au processus électoral et parlementaire républicain. La Fédération républicaine, dirigée par Louis

Marin, représente la droite conservatrice, fidèle notamment aux positions de l'Église catholique (opposition au divorce, condamnation de l'avortement, défense de la famille, soutien à l'enseignement privé, hostilité à l'intervention de l'État...). L'Alliance républicaine démocratique, pour sa part, fortement liée au monde des affaires et comptant parmi ses dirigeants des hommes comme Poincaré, Tardieu, Barthou, est plus modérée et plus laïque. Ces deux partis ne sont pas des structures solidement organisées, ce sont surtout des regroupements de notables à vocation principalement parlementaire, et non des organisations de masse. De fait, la droite s'organise bien davantage en groupes parlementaires et associations locales, en réseaux d'élus et systèmes de clientèles.

Mais il est une autre forme politique alors très en vogue : la ligue. Il s'agit d'un regroupement qui ne se veut pas aussi structuré qu'un parti, et qui souhaite influencer la vie politique autrement que par les élections : au moyen de la presse, de conférences et de comités. Surtout, son terrain privilégié est la rue, la manifestation. Les ligues ont émergé à la fin du XIXe siècle, avec l'entrée dans « l'ère des masses » en politique. Toutes les ligues sont loin d'être antirépublicaines ; l'une des premières créées a été la Ligue de l'Enseignement (1866), dont l'objectif, tout empreint de laïcité, est de diffuser l'instruction dans les classes populaires. On peut également songer à la Ligue des Droits de l'Homme, qui a vu le jour au moment du procès de Zola lors de l'affaire Dreyfus, en 1898. Dans les années 1920, la gauche a sa Ligue de la République (1921), dirigée par Paul Painlevé et Édouard Herriot.

Mais il est vrai que bon nombre de ligues ont pour vocation plus ou moins avouée de déstabiliser le régime et de lui substituer un pouvoir fort et autoritaire. Une telle conception va à l'encontre de la vision républicaine qui privilégie le pouvoir parlementaire, né du suffrage universel. Ces ligues sont assez typiques d'un populisme de droite ; activistes, elles privilégient la démonstration de force. Ainsi en va-t-il de la Ligue des Jeunesses patriotes, dirigée par Pierre Taittinger, lui-même ancien combattant : ses membres sont revêtus d'un uniforme et portent cannes et manches de haches en guise d'armes ; ils sont environ 60 000 à vouloir lutter dans la rue contre la gauche et en particulier contre les communistes. Le Faisceau de Georges Valois s'apparente lui aussi à un groupe paramilitaire : uniforme, insigne (le faisceau des licteurs), organisation en unités combattantes en sont les caractéristiques, auxquelles s'ajoute un rituel directement inspiré du cérémonial fasciste mussolinien.

La plus importante et la plus ancienne de ces ligues reste toutefois l'Action française (fondée en 1899, au cœur de l'Affaire Dreyfus). Violemment opposés au régime républicain, les monarchistes d'Action française voient dans la démocratie, le parlementarisme et donc le pluralisme politique une division de la nation. Pour eux, la Révolution française est un drame. Charles Maurras, leur maître à penser, fustige l'individualisme révolutionnaire, auquel il oppose la famille, la paroisse et la province. Rallié au catholicisme comme religion de l'ordre, il stigmatise ceux qu'il considère comme les ennemis de la France, les « quatre états confédérés » que sont à ses yeux les juifs, les protestants, les « métèques » et les francs-maçons. Le succès de cette ligue (et de son journal, de grande qualité littéraire, *L'Action française*) est dû principalement à ses lecteurs catholiques. Les adhérents de l'Action française se recrutent surtout dans le vivier des professions libérales (avocats, notaires, médecins, pharmaciens), parmi les hommes d'affaires et les officiers. En 1926, son quotidien tire à 90 000 exemplaires. Mais la condamnation pontificale de la ligue, intervenue au cours de cette même année en raison de la violence du mouvement et du primat de la politique au détriment de la religion, marque le début d'un déclin. Dès lors, les catholiques qui y étaient liés se détachent peu à peu de l'extrême droite, ce qui contribue davantage encore à leur intégration dans la République.

Enfin, les Croix-de-Feu, créées en 1927, doivent être nettement distinguées de ces groupements, dont certains, comme le Faisceau, sont clairement fascisants. Les Croix-de-Feu, « association des combattants de l'avant et des blessés de guerre cités pour une action d'éclat », veulent retrouver « l'esprit du front » et « les belles énergies nationales » qui y régnaient. Pour autant, leur objectif n'est pas de renverser la République. C'est dans les années 1930 que les Croix-de-Feu vont prendre une réelle importance politique, avec le colonel de La Rocque, qui en devient président en 1931.

4. Du Bloc national à l'Union nationale

Or, c'est la droite, non pas la droite ligueuse, mais celle qui se nomme elle-même « modérée », qui remporte les élections en novembre 1919 et constitue le Bloc national. Celui-ci se fonde sur le mot d'ordre « Ni révolution ni réaction » et apparaît en fait comme une conjonction des centres. La campagne électorale a été marquée par une stigmatisation du « bolchevik », présenté comme « l'homme au couteau entre les dents » : les listes de Bloc national jouent sur cette peur qu'ils contribuent à alimenter. Nombre de radicaux s'y rallient et figurent sur les listes du Bloc national.

C'est là une évolution majeure dans la vie politique française puisque, depuis 1879, la droite n'avait plus accédé au pouvoir. Le gouvernement Millerand qui naît de ces élections rassemble donc radicaux et hommes de droite et du centre. Les différents gouvernements du Bloc national qui se succèdent (avec pour présidents du Conseil, après Millerand, Leygues, Briand et Poincaré) visent à prolonger l'Union sacrée de la guerre tout en renforçant le rôle du pouvoir exécutif. Mais leur majorité parlementaire varie selon les questions politiques traitées : ainsi, en 1921, les relations diplomatiques sont-elles rétablies avec le Vatican, contre l'avis des radicaux. À partir de janvier 1923, le gouvernement Poincaré décide l'occupation de la Ruhr par les troupes françaises, rejointes par des techniciens et ingénieurs français : cette région de la rive droite du Rhin est stratégique car riche de son bassin minier et de ses industries sidérurgiques. Il s'agit par là de contraindre l'Allemagne à verser les « réparations » « dues » à la France. Cette politique d'une grande sévérité à l'égard de l'Allemagne ne suscite pas l'adhésion unanime du Bloc national, qui se divise sur la question.

C'est pourquoi le rapport de forces se modifie au profit de la gauche lors des élections législatives de mai 1924. Le Cartel des gauches est l'alliance scellée entre radicaux et socialistes pour ces élections, en opposition à la politique fiscale, diplomatique et cléricale du Bloc national. Il exerce le pouvoir entre mai 1924 et juillet 1926. Les socialistes cependant, s'ils soutiennent les gouvernements issus de cette alliance (dirigés successivement par Herriot, Painlevé et Briand), n'y participent pas. Sur le plan de la politique étrangère, le Cartel fait des concessions majeures à ses alliés britannique et américain en acceptant d'évacuer la Ruhr. Dans le même temps, la France reconnaît la Russie soviétique et se rallie à « l'esprit de Genève » en renonçant à la revendication de nouvelles sanctions territoriales.

Sur le plan intérieur, le Cartel échoue à mettre en œuvre certaines mesures majeures en matière de laïcité (l'ambassade française du Vatican est maintenue, de même que le Concordat en Alsace-Moselle où l'école est toujours confessionnelle et l'enseignement religieux obligatoire). Sur tous ces points, il recule devant la protestation des catholiques emmenés par la Fédération nationale catholique du général de Castelnau. La hiérarchie catholique se mobilise elle aussi : c'est la laïcité elle-même que condamne l'assemblée des cardinaux et archevêques de France. La défense de la laïcité était pourtant l'un des principaux piliers du Cartel et de son programme. Un autre est sa politique fiscale, mais c'est là aussi un échec puisque le gouvernement Herriot, pour avoir proposé un impôt sur le capital, tombe « à gauche ». Quelques mois plus tard, le ministre des Finances Joseph Caillaux refuse pour sa part de créer cet impôt sur le capital et impose l'orthodoxie financière. Quant à la politique sociale du Cartel, elle n'est guère originale ni déterminante – on retiendra toutefois l'extension aux fonctionnaires du droit syndical.

Au cours de cette période, le franc se déprécie fortement en raison de la méfiance qu'inspire le Cartel des gauches aux détenteurs de capitaux. Ceux-ci préfèrent placer leur argent à l'étranger, en Suisse ou en Angleterre principalement ; on parle alors du « mur d'argent » s'opposant à la politique du gouvernement.

À partir de 1926 et de la chute du Cartel des gauches, des gouvernements dits de « concentration républicaine » ou encore d'« Union nationale » se succèdent, qui sont autant de coalitions rassemblant le centre et la droite, avec participation des radicaux. Dirigeant l'un de ces gouvernements, Raymond Poincaré décide de réduire rigoureusement les dépenses de l'État et d'augmenter les impôts. La confiance des milieux d'affaires revient alors, tout comme celle des banques étrangères qui acceptent à nouveau d'accorder des prêts à la France. C'est pourquoi la dévaluation décidée par Poincaré en 1927 – événement inédit : c'est en effet la première fois qu'un gouvernement français décrète une dévaluation de la monnaie – est considérée comme une réussite. Les prix intérieurs se stabilisent, le déficit budgétaire disparaît. Avec ce « franc Poincaré » – qui vaut un cinquième du franc de 1914, les épargnants perdant donc quatre cinquièmes de leurs placements –, les prix français sont désormais plus compétitifs, ce qui profite au commerce extérieur ; le franc commence à se réapprécier sur le marché des capitaux internationaux. Aussi Poincaré gagne-t-il une réelle popularité en « sauveur du franc ».

Si de nouvelles tensions ont surgi après le conflit, malgré leur ampleur, les déséquilibres de l'après-guerre ont été surmontés. Ainsi le redressement de l'économie française a-t-il été rapide. À partir de 1922, la croissance atteint une moyenne de 9,5 % par an. Dès 1924, la production industrielle et le revenu national retrouvent leur niveau de 1913. La croissance est forte au cours de la deuxième moitié des années 1920 : la production industrielle augmente de 5 % et la productivité de 3 % par an. Seule, la production agricole stagne : les coûts sont trop élevés, les petites exploitations familiales, majoritaires, peinent à accroître leur rendement et leur productivité. On assiste dès lors à un exode rural important, puisque 600 000 personnes quittent les campagnes tout au long des années 1920. Mais à la fin de la décennie, la France ne connaît pas encore la crise.

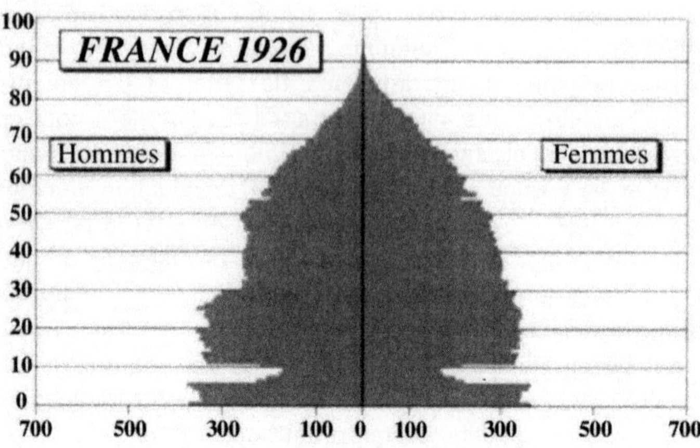

Figure 2. La pyramide des âges française en 1926

Chapitre III

Les années 1930 : années de crises

La crise dans laquelle entre la France au début des années 1930 se décline en fait au pluriel. Certes, elle est d'abord économique ; elle dérive de la dépression qui touche l'ensemble des économies occidentales et qu'a ouverte le krach boursier d'octobre 1929 à Wall Street. Mais elle est aussi politique, car la IIIe République peine à maintenir une stabilité gouvernementale, et les ministères se succèdent à vive allure. Une série de scandales politico-financiers vient de surcroît ternir la vie politique française. C'est enfin une crise morale en quelque sorte, moins quantifiable et plus diffuse.

Le monde change, et la société française avec lui. Comme souvent, il y a là une combinaison de processus lents et de précipitations événementielles. Processus lent : c'est à cette catégorie qu'appartient l'urbanisation ; au recensement de 1931, pour la première fois, la population rurale n'est plus majoritaire, elle représente 48,8 % des Français. Avec l'urbanisation, c'est toute une évolution des mentalités qui est en marche, dont elle est un facteur et un symbole. Précipitation événementielle : les années 1930 sont riches d'intenses bouleversements politiques, en France et en Europe. À l'heure des régimes fasciste et nazi en Italie et en Allemagne, la vie politique française est touchée par une polarisation aux extrêmes et par une intensification des luttes. Longtemps animée d'un ardent pacifisme, la société française s'aperçoit avec effroi, à la fin de la décennie, qu'une nouvelle guerre s'annonce.

I. La France en crise(s)

1. La dépression économique

La France entre assez tardivement dans la crise économique, dont elle a apparemment été protégée durant quelques années. En novembre 1929, André Tardieu évoque même « l'îlot de prospérité dans un monde en crise » qu'elle représente. Une série de facteurs l'y installent pourtant progressivement. Tout d'abord, suite au moratoire Hoover de juin 1931, les réparations allemandes cessent d'être versées. La chute de l'activité économique des autres pays affecte les exportations françaises, qui commencent à décroître fortement. Cette situation s'accélère lorsque la Grande-Bretagne décide de dévaluer la livre, en septembre 1931 : les prix français deviennent dès lors beaucoup trop élevés à l'exportation. Aussi le commerce extérieur recule-t-il de manière spectaculaire, chutant de 44 % en volume et de 82 % en valeur entre 1929 et 1935. Les investissements s'effondrent. Dans le secteur agricole, la baisse des cours, souvent impressionnante – le prix du blé est divisé par deux, par exemple –, entraîne à son tour la baisse des revenus, qui elle-même se répercute sur la demande des produits industriels. Entre 1929 et 1935 encore, la production industrielle recule ainsi de 25 %. De nombreuses entreprises font faillite, en particulier dans le textile, l'industrie mécanique et les banques. Toute la machine économique s'enraye. Il faut souligner toutefois que les exportations françaises avaient été touchées dès 1928 en raison de la réappréciation du franc Poincaré, et que le taux de profit des entreprises s'était effrité depuis 1928 également : ces indices permettent de nuancer l'image d'une France protégée plongeant brusquement dans la crise.

À cause de la baisse de l'activité économique, les rentrées fiscales diminuent et par là même les recettes de l'État chutent. Par conséquent, le déficit budgétaire se creuse. Or, les hommes politiques au pouvoir n'ont qu'une idée en tête : lutter contre ce déficit et assainir les finances publiques par la déflation, qui combine baisse des dépenses de l'État et hausse des impôts. C'est ainsi que les gouvernants procèdent, en 1933, à la diminution des retraites et des traitements des fonctionnaires et décident, en 1934, de porter atteinte aux pensions des anciens combattants. L'État veut aussi provoquer la baisse de la production, par exemple en imposant l'arrachage obligatoire de plantations de vignes. Enfin, le protectionnisme français se renforce, par la multiplication des contingentements, c'est-à-dire la fixation de quotas pour les produits importés. En revanche, les gouvernements se refusent à dévaluer, au nom de la défense du franc. L'économie française se replie sur son Empire, dont la part dans les exportations métropolitaines passe de 16 à 32 % entre 1928 et 1932.

2. La société française dans les affres de la crise

Il y a en France à cette époque neuf millions d'ouvriers dans l'industrie, parmi lesquels plus d'un million d'étrangers, principalement des Italiens, des Polonais et des Algériens qui héritent des travaux les plus pénibles. Le taylorisme ou organisation scientifique du travail commence à s'imposer, tout particulièrement dans l'industrie mécanique. Le travail est chronométré, chaque geste est strictement étudié et défini ; l'autonomie des ouvriers professionnels en souffre ; c'est la notion même de « métier » qui est remise en question. L'« ouvrier spécialisé » (OS) apparaît au sein des branches les plus avancées dans l'instauration du machinisme (chimie, mécanique...) ; formé sur le tas, l'« OS » appartient aux catégories les plus exploitées. « Il faut, en se mettant devant sa machine, tuer son âme huit heures par jour, sa pensée, ses sentiments, tout », écrit Simone Weil en 1934 dans *La Condition ouvrière*. Pointer une minute en retard, c'est travailler une heure sans salaire. Dans les mines, les travailleurs subissent une pression telle, au sujet des cadences, que la productivité augmente d'un tiers entre 1929 et 1935.

Or, le monde ouvrier fait partie des catégories fortement affectées par la crise économique. Les salaires chutent, tant à cause d'une baisse du taux horaire des rémunérations qu'avec la disparition des heures supplémentaires. Le taux d'activité recule, et les premières victimes en sont les immigrés et les femmes : on renvoie en effet près d'un tiers de la main-d'œuvre immigrée, tandis que plus de 300 000 ouvrières sont licenciées, principalement dans la métallurgie et l'industrie textile. Le pouvoir d'achat de la population ouvrière diminue de près de 30 % ; en décembre 1933, les mineurs s'engagent dans une marche de la faim. D'autres marches semblables ont lieu ensuite, rassemblant surtout des chômeurs. Car on recense en 1932 250 000 chômeurs, alors qu'il n'y en avait que 30 000 environ en 1930, et plus d'un million en 1935. Or, face au chômage, il n'existe que peu de recours : seules quelques fédérations syndicales, comme celle du Livre, disposent de caisses de secours. Certaines communes organisent des soupes populaires et mettent en place des chantiers de travail municipaux, mais leurs ressources sont la plupart du temps insuffisantes.

La France, terre d'immigration, modifie donc sa politique migratoire sous l'effet de la crise. Elle procède au rapatriement contraint de certains étrangers et veut à toute force protéger la main-d'œuvre nationale par le contingentement des immigrés : la loi du 10 août 1932 établit des quotas d'étrangers par régions et secteurs d'activité. Celle du 19 juillet 1934 interdit aux étrangers d'accéder au barreau : les avocats français s'inquiètent en effet de l'arrivée de juristes juifs allemands et autrichiens venus se réfugier en France.

La crise touche aussi les campagnes : pour les quelques six millions de paysans que compte alors la France, la baisse des cours peut être catastrophique. Entre 1929 et 1935, les revenus agricoles connaissent une forte chute, la plus importante de toutes si on la compare à celle subie par les autres catégories de la population : - 30 %. Mais l'État leur accorde des aides qui permettent d'atténuer les effets de la crise. Les bénéfices des commerçants, dans le même temps, diminuent de 18 % ; ceux-ci constituent une autre couche sociale fortement touchée par la crise. En revanche, les professions libérales, pour leur part, sont relativement épargnées ; elles voient même leurs revenus s'accroître de 7 %.

3. Comment en sortir ?

Si crise il y a, on assiste aussi à une volonté de moderniser et de rationaliser l'économie et l'administration. Une réflexion sur la planification est en vogue au cours de ces années, ce courant « planiste » se retrouvant surtout chez certains théoriciens (polytechniciens comme le groupe « X Crise », socialistes comme le Belge Henri de Man, auteur en 1927 d'un *Au-delà du marxisme*). Un exemple en est donné par l'Union soviétique qui échappe à la crise en raison, pense-t-on, de son économie planifiée. Le New Deal mis en place par Roosevelt aux États-Unis a également un caractère planiste et peut servir lui aussi de modèle.

Pour que les gouvernements fassent preuve d'une plus grande efficacité face à la crise, un vaste débat s'engage sur la réforme de l'État, animé notamment par des hommes politiques issus de la droite libérale comme André Tardieu et Paul Reynaud. Tardieu, dans une série d'articles parus dans *L'Illustration* intitulés significativement « Pour en sortir », et dans l'ouvrage au titre tout aussi éloquent, *Le Souverain captif,* propose d'ôter à la Chambre l'initiative en matière de politique budgétaire, de permettre la dissolution de la Chambre à la seule demande du président du Conseil, et d'instaurer la pratique de référendums. Il s'agit bien là de diminuer les prérogatives du Parlement. « Le grand abus de notre régime, affirme de son côté Paul Reynaud en janvier 1934, est le pouvoir excessif des neuf cents parlementaires et la domination qu'ils exercent sur le gouvernement. » La Chambre porte à ses yeux toute la responsabilité dans la valse des ministères. La crise débouche ainsi sur des réflexions renouvelées, mais également sur un regain de tensions très vives dans la sphère politique.

II. Du 6 février 1934 au Front populaire

1. Le 6 février 1934 : les faits et le symbole

1934 : c'est là une date clef qui amorce une période de forte intensité politique, se traduisant par une polarisation aux extrêmes.

Dès le début de l'année, une vive agitation a lieu dans la rue, avec des manifestations, parfois violentes, organisées par les ligues d'extrême droite, dénonçant les hommes du gouvernement et du Parlement, suite notamment à un scandale financier dans lequel une poignée d'entre eux a trempé, « l'affaire Stavisky ». Édouard Daladier, chef du gouvernement, veut lutter contre ces ligues et révoque le préfet de police Chiappe, trop indulgent, voire complaisant, à leur égard. C'est le prétexte au déclenchement d'une émeute dont la date restera dans les mémoires, comme un symbole politique dont l'histoire a le secret : le 6 février 1934.

Ce jour-là, une manifestation parisienne est convoquée par toutes les ligues d'extrême droite, par l'Union nationale des combattants, mais également par le Parti communiste, *via* son association d'anciens combattants, l'ARAC, car il entend lui aussi protester contre les hommes politiques au pouvoir et contre « le régime du profit et du scandale ». Mais la manifestation tourne à l'affrontement violent avec les forces de l'ordre, devant la Chambre des députés, place de la Concorde. Les manifestants – ils sont environ 30 000 – s'en prennent aux « voleurs » et à « la politicaille ». Ce sont surtout les activistes des ligues fascisantes (Jeunesses patriotes, Solidarité française) qui font le coup-de-poing. Se joignent à eux les militants du « francisme » de Marcel Bucard, un ancien du Faisceau qui a pour modèle le régime mussolinien, dont il reçoit d'ailleurs des subsides. Cependant, le colonel de La Rocque, à la tête des Croix-de-Feu qui forment désormais une ligue puissante, refuse de donner à ses troupes l'ordre de prendre d'assaut le Palais Bourbon ; il récuse ainsi les plus activistes des Croix-de-Feu, car il ne se voit guère dans le rôle de factieux aventuriste. Le bilan est lourd : on relève quinze cadavres, tandis que des centaines de personnes sont blessées. Daladier démissionne, reculant face à la pression de la rue, mais craignant en fait la guerre civile : on n'avait plus vu en effet une telle violence politique dans la rue depuis la Commune de Paris en 1871. Gaston Doumergue, une figure du Parti radical qui sort de sa retraite pour l'occasion, prend la présidence du Conseil : c'est une nouvelle illustration de l'appel au vieillard pour résoudre une crise dans la vie politique française.

Très vraisemblablement, la plupart des manifestants et des directions politiques qui les ont entraînés n'avaient pas l'intention de prendre le pouvoir, encore moins de faire chuter la République. Il n'y a pas eu de complot, le 6 février 1934. Mais toute la presse de gauche y a vu un « coup d'État fasciste » qui a échoué. Quoi qu'il en soit, une telle perception a des répercussions : la mobilisation antifasciste de la gauche française prend naissance ce jour-là et dans les semaines qui suivent. Le 12 février, une manifestation rassemble 150 000 personnes ; elle voit converger les défilés communiste et socialiste, pourtant partis séparément, aux cris de « Unité ! Unité ! » ; spontanément, et sans que ce rapprochement soit voulu par les dirigeants, les cortèges fusionnent. C'est le début d'un processus menant au Front populaire.

2. Le Rassemblement populaire et ses composantes

À cette époque, le Parti socialiste (la SFIO) a pour secrétaire général Paul Faure, attaché à l'idée d'un parti prolétarien et profondément pacifiste. Toutefois, Paul Faure est peu connu à l'extérieur du parti. La figure dominante est bien celle de Léon Blum. Originaire d'une famille juive d'Alsace, né en 1872, député, il a été président du groupe parlementaire socialiste à l'Assemblée. C'est d'abord un intellectuel : un parcours brillant l'a mené à l'École normale supérieure et à des études de philosophie, puis de droit. Blum est venu au socialisme par l'affaire Dreyfus et par Jaurès, qu'il admire. Orateur plutôt médiocre, ce sont surtout ses talents de plume qui font ses succès notamment dans les éditoriaux du *Populaire*. Blum veut réaliser la synthèse entre socialisme et participation à la démocratie de type parlementaire. Dans ce cadre, il théorise une distinction entre « conquête du pouvoir » (l'établissement d'un régime socialiste suite à une révolution prolétarienne renversant le régime en place) et « exercice du pouvoir » (l'acceptation de la participation à un gouvernement au sein du système capitaliste et des institutions « bourgeoises » existantes). Il s'oppose tout à la fois aux communistes, les « bolcheviks », et à l'aile droite du Parti socialiste, les « opportunistes ».

De fait, la SFIO est confrontée en 1933 à une importante crise sur sa droite, aboutissant à une scission. Ceux que l'on dénomme les « néo-socialistes » (ou « néo ») jugent que le projet socialiste se trouve dans une impasse, notamment parce qu'il refuse de considérer l'importance prise désormais par les classes moyennes dans la société : or, celles-ci se trouvent parmi les victimes de la crise économique et de l'inflation. Aux yeux des « néo », il faut les défendre autant que la classe ouvrière. Désireux de voir la SFIO prendre ses responsabilités en exerçant le pouvoir dans le cadre d'une union des gauches, ils développent un programme de planification et de nationalisations visant à instaurer un entre-deux à mi-chemin entre capitalisme et socialisme. Les « néo » sont exclus en 1933, notamment pour avoir assimilé les expériences du New Deal, du fascisme et du nazisme, au socialisme ; ils s'en vont fonder le Parti socialiste de France-Union Jean Jaurès, que dirige Marcel Déat.

Le Parti radical connaît lui aussi une contestation en son sein, venue des plus jeunes de ses membres, ceux que l'on nomme les « Jeunes Turcs » (entre autres, Pierre Mendès France, Pierre Cot, Jean Zay). Elle s'apparente à une volonté de rénovation : réforme de l'État passant notamment par un renforcement du pouvoir exécutif, intérêt pour la politique européenne, souci de modernisation économique. Mais le Parti radical demeure principalement un parti de gouvernement dont la politique se veut celle du juste milieu.

À la même époque, Maurice Thorez se trouve à la tête du Parti communiste. Il est assez caractéristique de ces cadres du parti, dévoués mais entièrement soumis à la ligne tracée par Moscou, qui l'a d'ailleurs mis sous la tutelle d'un représentant de l'Internationale communiste d'origine slovaque, Eugène Fried, véritable « Œil de Moscou ». Né en 1900 à Noyelles-Godault dans le Pas-de-Calais, fils naturel d'un épicier, élevé par un mineur, Thorez travaille notamment à la mine, puis comme valet de ferme. Il se pose ainsi en « fils du peuple » (c'est le titre de son autobiographie publiée en 1937 et que tous les militants du parti doivent lire et méditer, base d'un culte de la personnalité qui se forge à cette époque). Il adhère au PC en 1920 et y fait une carrière fulgurante : il se forme dans une école des cadres à Moscou en 1925 et entre au bureau politique l'année suivante. En 1930, il devient secrétaire général du parti et le demeurera jusqu'à sa mort en 1964. Son bastion est à Ivry, dont il est aussi le député, sans cesse réélu à partir de 1932.

À Thorez qui fait preuve de discipline et de soumission aux directives de Moscou, s'oppose une personnalité plus forte et originale, celle de Jacques Doriot. Né en 1898, fils de forgeron et lui-même ouvrier ajusteur, il est mobilisé en 1917. Comme Thorez, il rejoint le Parti communiste dès sa fondation en 1920 et part à Moscou pour représenter les Jeunesses communistes de France. Toujours au premier rang des manifestations, réputé pour son courage physique, il s'engage pleinement dans les campagnes anticolonialistes et antimilitaristes, ce qui lui vaut la prison. Il est élu député de la circonscription de Saint-Denis en 1924, et réélu en 1928 et 1932. À partir de 1931, il est aussi maire de Saint-Denis, son fief. Charismatique, excellent orateur, il n'hésite pas à se démarquer de la ligne officielle du parti au début des années 1930, en proposant d'abandonner la tactique dite « classe contre classe » au profit d'alliances avec les socialistes, et ce pour contrer la montée du fascisme. Après la journée du 6 février, il tente d'imposer cette politique, en l'appliquant là où il est influent : le 12 février, il fonde ainsi un Comité d'action antifasciste avec les représentants de la SFIO. Aussitôt accusé d'opportunisme par les dirigeants du parti comme Thorez et Fried, il est exclu lors de la conférence qui se tient à Ivry, en juin 1934. Sans doute sa trop forte personnalité inquiète-t-elle la direction du parti et, au-delà, Staline lui-même.

Cette exclusion est d'autant plus paradoxale qu'elle intervient au moment même où le Parti communiste commence à modifier totalement sa politique et à adopter, précisément, la perspective prônée par Doriot. En juillet 1934, un pacte d'unité et d'action est conclu avec la SFIO et, le 10 octobre, Thorez lance la formule du « Front populaire », associant communistes, socialistes et radicaux. Il faut mesurer le caractère totalement inédit de ce tournant : quelques mois à peine auparavant, les dirigeants du PC considéraient les socialistes comme leurs pires ennemis et les traitaient de « social-fascistes ». Or, voilà à présent qu'ils se tournent vers eux, mais aussi vers le Parti radical pour en faire l'un de ses principaux alliés, et que Thorez prononce un discours dit « de la main tendue », non seulement aux ouvriers, paysans, employés et membres des classes moyennes, mais aussi aux catholiques et aux Croix-de-Feu. Là encore, il est évident que ce virage est impulsé par les dirigeants soviétiques : suite à une rencontre entre Joseph Staline et Pierre Laval, chef du gouvernement français et membre du Parti radical, un pacte franco-soviétique est conclu en mai 1935, envisageant une aide mutuelle en cas d'agression. Ce qui prime désormais, à l'échelle nationale et internationale, c'est la lutte contre le fascisme et donc l'unité à tout prix : pour le PCF, c'est au fond la lutte de classes elle-même qui est abandonnée en faveur d'une alliance nationale. Cette ligne politique nouvelle a des conséquences symboliques très fortes. Le Parti communiste devient « Parti communiste français » et adopte chants et emblèmes jusqu'à présent honnis car considérés comme bourgeois et chauvins : *La Marseillaise,* entonnée au même titre que *l'Internationale,* et le drapeau tricolore, arboré comme le drapeau rouge. Le PCF parle moins désormais de prolétariat que de peuple, d'anticapitalisme que d'antifascisme, de révolution que de république. Redécouvrant ce patriotisme populaire, il ne l'abandonnera plus tout au long des décennies suivantes.

Le rapprochement des forces de gauche conduit à la réunification des deux principaux syndicats ouvriers, CGT et CGTU, en mars 1936, et à la mise en avant d'un programme dont les mots sont forts mais dont le contenu est somme toute assez vague : pain, paix, liberté.

3. L'engagement des intellectuels

À partir de 1934, les évènements accentuent et précipitent l'engagement des intellectuels. Ceux-ci constituent une catégorie composée de créateurs et de médiateurs (artistes, écrivains, universitaires, savants, journalistes...), participant à la création culturelle et/ou à l'élaboration et à la diffusion du savoir scientifique. La place des intellectuels dans la vie politique française paraît avoir atteint chaque fois son apogée lors des grandes crises, comme l'ont montré Pascal Ory et Jean-François Sirinelli. Les années 1930 constituent la deuxième période de puissant engagement des intellectuels, après l'affaire Dreyfus où pour la première fois, en 1898, ils étaient entrés en lice en tant que tels et en tant que groupe social. L'intellectuel se sent acteur de l'histoire, grâce à sa notoriété et à sa capacité de transmission, mises au service d'une cause. Ses modalités d'intervention sont diverses : œuvres bien sûr, mais aussi articles de presse, pétitions, création de comités...

D'une part, les intellectuels de la gauche modérée se rapprochent des communistes, socialistes et syndicalistes, en voyant dans les ligues manifestant le 6 février 1934 les semences du fascisme ; d'autre part, à droite, le 6 février représente le signe d'un rejet du régime pour lequel les masses peuvent être mobilisées. Antifascisme et anticommunisme constituent dès lors les deux polarités majeures du débat politique.

À gauche, un Comité de vigilance des intellectuels antifascistes (CVIA) se constitue et a pour co-présidents des représentants des trois grandes tendances de la gauche française : le philosophe Alain, de sympathie radicale, l'ethnologue Paul Rivet, membre du Parti socialiste, et le physicien Paul Langevin, sympathisant communiste. André Gide se fait, en 1935, le collaborateur régulier de *Vendredi,* l'organe du Front populaire, tandis que Louis Aragon participe à la revue *Commune* puis dirige le quotidien communisant *Ce soir.* À l'extrême droite, les historiens Jacques Bainville et Pierre Gaxotte sont les directeurs de l'hebdomadaire antisémite *Candide,* tandis que les écrivains Pierre Drieu La Rochelle et Robert Brasillach polémiquent au service de l'hebdomadaire *Gringoire,* antiparlementaire et xénophobe. En octobre 1935 est publiée dans le journal conservateur *Le Temps* la première pétition signée par des intellectuels de droite se revendiquant comme tels, soutenant l'intervention italienne en Éthiopie et s'opposant aux sanctions de la SDN à l'égard du régime mussolinien. Le texte justifie « la conquête civilisatrice d'un des pays les plus arriérés du monde ». De nombreux signataires sont membres de l'Académie française, et parmi eux figurent des écrivains de renom comme Maurras, Brasillach, Drieu La Rochelle ou encore Martin du Gard. On le voit, ce sont de plus en plus les extrêmes qui attirent les intellectuels.

4. Le gouvernement de Front populaire : tout est-il possible ?

Les élections législatives de mai 1936 sont marquées par la victoire du Rassemblement populaire. Le PCF recueille deux fois plus de suffrages qu'en 1932 – il n'avait que 10 députés, il en compte 72 à présent –, tandis que les résultats de la SFIO demeurent stables et que le Parti radical perd un quart de ses électeurs : il n'est plus que le troisième parti de France, derrière la SFIO et le PC. Socialistes et radicaux forment un nouveau gouvernement, dirigé pour la première fois par un responsable de la SFIO, Léon Blum. Le PCF n'y participe pas, se réservant un rôle d'observateur critique. Une création figure dans ce gouvernement : celle du sous-secrétariat d'État à la Recherche, rattaché à l'Éducation nationale et confié à Irène Joliot-Curie, puis à Jean Perrin, tous deux prix Nobel. Outre Irène Joliot-Curie, deux autres femmes siègent dans ce gouvernement : Cécile Brunschvicg et Suzanne Lacore à l'Éducation nationale ; cette présence féminine dans le gouvernement est également une nouveauté, et ce bien que les femmes n'aient toujours pas le droit de vote. Quant à Léo Lagrange, secrétaire d'État aux Sports et aux Loisirs, il veut promouvoir un sport populaire, à l'opposé du sport-spectacle et du sport-compétition.

À peine le gouvernement est-il constitué qu'en mai-juin éclatent des grèves dont l'ampleur est inédite (on recense près de deux millions de grévistes) et dont les revendications portent sur la réduction de la durée du travail et l'augmentation des salaires. Elles touchent non seulement l'industrie, mais encore diverses professions dans les services et l'administration : employés des grands magasins, boulangers, garçons bouchers, coiffeurs, salariés des assurances. Dans les campagnes, on assiste aussi à de puissants mouvements de grève chez les salariés agricoles. L'initiative de toutes ces grèves ne provient pas de la direction de la CGT ; les dirigeants syndicaux n'avaient d'ailleurs pas prévu ce mouvement et ne parviennent pas à le contrôler. Mais la CGT réunifiée connaît un afflux massif d'adhésions : on y dénombre quatre millions de syndiqués en mai-juin 1936 ; le syndicalisme chrétien progresse lui aussi fortement, la CFTC passant de 150 000 à 500 000 adhérents. Pour la première fois, les salariés en grève occupent les usines, avant tout pour éviter le lock-out, c'est-à-dire la fermeture provisoire de l'entreprise par le patron, souvent assortie de licenciements. De ces grèves naît véritablement le sentiment de la dignité ouvrière.

Ce que les grévistes attendent et espèrent de ce gouvernement, qui apparaît comme l'allié des travailleurs, ce sont de profonds changements. Parmi les grandes réformes résultant de ces grèves, il faut distinguer celles obtenues lors des accords Matignon (7 juin 1936), rencontre inédite organisée par l'État entre représentants du patronat et des salariés, et celles nées de la série de lois proposées au Parlement par le gouvernement. Des accords Matignon sortent principalement la reconnaissance du droit syndical, la décision d'établir des conventions collectives par branches professionnelles, l'engagement qu'aucune sanction ne sera prise par les employeurs pour fait de grève et une hausse générale des salaires de 7 à 15 %. Les lois votées par le Parlement concernent la semaine de travail de quarante heures, l'instauration de deux semaines de congés payés, la création dans les entreprises de délégués élus du personnel et la prolongation de la scolarité obligatoire jusqu'à quatorze ans. Une autre avancée est importante : dans les entreprises, plusieurs milliers de conventions collectives sont signés, qui scellent un nouveau rapport de force entre patronat et salariés.

Outre ces réformes sociales, le programme économique du Front populaire prend le contre-pied de la politique de déflation menée par les gouvernements précédents. Il se propose de relancer l'économie par la hausse du pouvoir d'achat : en stimulant la consommation, on espère la reprise des investissements. Un fonds national de chômage est créé, un plan de grands travaux lancé et des mesures sont prises pour accroître les prix et revenus agricoles par l'instauration d'un Office national interprofessionnel du blé.

Les grèves et occupations d'usines sont des moments de joie. Des chanteurs populaires comme Tino Rossi viennent animer les usines en grève. On assiste à une nouvelle exploration des loisirs : bals, compétitions sportives, jeux collectifs sont à l'honneur. Le Front populaire revêt des allures de fête, aux 14 juillet et le 1er mai. Les congés payés permettent à bon nombre de familles de connaître leurs premières vacances, souvent au bord de la mer, qu'elles découvrent alors. Les colonies de vacances et les auberges de jeunesse se développent. Le cinéma, loisir très populaire, montre les ouvriers au travail et en lutte : dans *La Belle Équipe* de Julien Duvivier ou *Le Crime de Monsieur Lange* et *La Vie est à nous* de Jean Renoir, par exemple ; Jean Gabin à lui seul semble incarner la classe ouvrière sur les écrans.

Au cœur des grèves, Marceau Pivert, dirigeant de la tendance « gauche révolutionnaire » au sein de la SFIO, écrit dans *Le Populaire,* le 27 mai : « Tout est possible maintenant et à toute vitesse ». Par discours interposé, Maurice Thorez lui répond : « Tout n'est pas possible » et précise : « Il faut savoir terminer une grève ». Le PCF renonce ainsi à sa perspective révolutionnaire. À la suite des accords Matignon, toutes les usines occupées sont évacuées, sur ordre du ministre de l'Intérieur, Roger Salengro.

Léon Blum, parmi ses promesses électorales, s'était engagé à ne pas dévaluer le franc. C'est pourtant ce qu'il se résout à faire à l'automne 1936, chose qu'aucun gouvernement n'avait osé entreprendre depuis Poincaré. Mais contrairement à la dévaluation opérée par ce dernier, celle de Blum se révèle un échec ; elle est trop faible pour être réellement efficace.

5. La mort lente du Front populaire

Le Front populaire, après ce revers, engendre peu à peu déceptions et désillusions. À cet égard, la guerre d'Espagne n'apparaît pas seulement comme une question de politique extérieure : par les enjeux idéologiques qu'elle sous-tend, elle s'ancre profondément dans la vie politique française. Le 18 juillet 1936, le général Franco organise et dirige un coup d'État militaire contre la République espagnole. Il semble évident que le Front populaire français doit intervenir pour soutenir le *Frente popular* espagnol. Mais Léon Blum cède à l'opposition des ministres radicaux de son gouvernement (Delbos, Herriot et Daladier), aux réticences de l'aile droite de la SFIO (Paul Faure), aux pressions du gouvernement britannique et à la violente campagne de la droite qui attaque le « *Frente crapular* » ; il refuse d'engager son gouvernement dans une aide militaire à la République sœur. Cette non-intervention soulève de vives tensions parmi les forces du Front populaire en France, les communistes revendiquant « des avions, des canons pour l'Espagne ».

C'est aussi lors de la guerre d'Espagne que s'exprime, chez les intellectuels, la brutalité de la polarisation politique. Cette guerre suscite dans chacun des camps une profusion d'œuvres, voire de chefs-d'œuvre : du côté de l'engagement républicain, *L'Espoir* de Malraux, *Guernica* de Picasso ; du côté du soutien au franquisme, *Gilles* de Drieu La Rochelle. Dans ce roman, le héros éponyme recherche sa personnalité dans la lutte et l'action, indissociable de la violence ; Drieu croit en l'effet salvateur de la guerre ; il fustige les juifs, les francs-maçons, les homosexuels, les intellectuels. Toutefois, certains écrivains de droite, catholiques, comme Georges Bernanos et François Mauriac, sont scandalisés par les massacres perpétrés par les franquistes ; par leur prise de position et leurs œuvres (Bernanos publie *Les Grands cimetières sous la lune*), ils montrent que leur combat se mène au nom des droits de l'homme, nonobstant la famille politique dont ils se sentent le plus proches.

Sur le plan intérieur, décrétant en février 1937 une « pause » dans les réformes en raison de la détérioration des finances publiques, Blum ouvre la période d'étiolement du Front populaire. Il refuse notamment d'instaurer l'échelle mobile des salaires (leur indexation sur les prix), rejette l'impôt sur le capital et cherche à rassurer les milieux financiers, car la fuite des capitaux vers l'étranger est importante. Le mois suivant, un drame vient davantage encore diviser les forces du Front populaire. À Clichy, alors que la CGT appelle à une manifestation contre le Parti populaire français de Doriot *(voir ci-dessous)*, les forces de l'ordre tirent sur la foule ; il y a cinq morts, et le Parti communiste en accuse avec violence le gouvernement, tandis que la CGT déclenche une grève (d'une journée) pour protester contre Blum « le fusilleur ». La popularité de Blum s'effondre dans la classe ouvrière.

Mais c'est aussi l'homme le plus honni par l'extrême droite ; ainsi Pierre Gaxotte dresse-t-il de lui un abject portrait antisémite dans *Candide*. Jusque dans les tribunes de la Chambre des députés, on entend fuser contre lui des « Mort aux Juifs ! ». Dans *L'Action française*, Maurras en appelle au meurtre : « Blum au poteau ! ». Ces violentes attaques prennent place dans le contexte général d'un antisémitisme croissant au cours des années 1930.

Le gouvernement de Blum tombe en juin 1937, il est suivi de plusieurs cabinets dirigés successivement par Camille Chautemps, Blum lui-même et enfin Édouard Daladier, sans réelles avancées marquantes hormis la nationalisation des usines d'armement et celle des chemins de fer en août 1937 : le déficit croissant des compagnies l'imposait ; les anciens propriétaires sont indemnisés – c'est la création de la SNCF (Société nationale des chemins de fer français). Daladier, soucieux de réduire les dépenses sociales, signe à partir d'avril 1938 la fin du Front populaire : son cabinet ne comporte pas de ministres socialistes.

III. Le retour à l'ordre et la marche à la guerre

1. Les droites s'organisent

Face au danger que représente à leurs yeux le Front populaire, les droites se structurent peu à peu en partis de masse, disciplinés et cultivant le respect de l'autorité et de la personnalité du dirigeant. Après la dissolution, par le gouvernement de Front populaire, des ligues susceptibles de mettre en danger l'ordre public, les Croix-de-Feu se transforment en un Parti social français (PSF), qui devient rapidement un grand parti de la droite conservatrice. Il se prête au jeu parlementaire, exalte la nation, l'ordre, la famille et le travail, et revendique, sans doute de manière exagérée, deux millions d'adhérents. Très hostile au Front populaire et aux grèves qui l'accompagnent, il fait symboliquement pavoiser les immeubles de drapeaux tricolores pour répliquer au drapeau rouge brandi par les manifestants. Le colonel de La Rocque se donne pour mission la réforme sociale et morale de la France ; à la tradition corporatiste et paternaliste héritée du catholicisme social, il mêle le combat nationaliste. Il prône pour cela la réforme de l'État couplée à une politique familiale : il est favorable, par exemple, au « vote familial » grâce auquel la voix d'un père de famille vaudrait davantage que celle d'un célibataire. Il envisage une réconciliation « du capital et du travail », du patronat et des salariés ; il s'oppose par là même au droit de grève et fustige la lutte de classes. Par ailleurs, il salue l'œuvre française aux colonies et glorifie le rôle de l'armée. Mais il rejette le racisme et l'antisémitisme comme contraires aux valeurs de la France. Le colonel de La Rocque propose ainsi un nationalisme de rassemblement.

Quant à Jacques Doriot, il est devenu, depuis son exclusion du Parti communiste, un anticommuniste virulent, ce qui le conduit au national-populisme. Il fonde le Parti populaire français (PPF), qui compte rapidement plusieurs dizaines de milliers d'adhérents et de sympathisants (60 000 cotisants environ). Violemment anticommuniste et antiparlementaire, son idéologie est clairement fascisante ; elle est aussi profondément antisémite.

2. Le gouvernement Daladier : quand le Parti radical vire à droite

Une véritable peur s'est emparée de l'électorat traditionnel du Parti radical face aux grèves et aux réformes du Front populaire : entrepreneurs, commerçants et artisans n'ont guère bénéficié de ces mesures, et ont vu dans les occupations d'entreprises une remise en cause de la propriété privée. Le radical Daladier, président du Conseil à partir d'avril 1938, entend bien les rassurer en rétablissant l'ordre dans le pays ; il déclare qu'« il faut remettre la France au travail ». Son gouvernement blâme la loi des « quarante heures », accusée de tous les maux – d'aucuns vilipendent la « mystique de la paresse » –, et la remet en cause au moyen de dérogations qui permettent aux entreprises de la contourner : les heures supplémentaires deviennent quasiment systématiques dans la limite d'une durée hebdomadaire de 48 heures, et s'accompagnent de sanctions contre les salariés qui les refuseraient. Une série de décrets-lois est prise par le gouvernement, incluant notamment une forte hausse des impôts mais des allégements fiscaux pour les employeurs. Daladier fait aussi systématiquement évacuer les quelques usines occupées à nouveau à l'automne.

De son côté, le patronat veut prendre sa revanche sur les grèves de 1936, et se montrer ferme à l'égard de toute nouvelle démonstration ouvrière. C'est ainsi que le mouvement de grève du 30 novembre 1938, appelé par la seule CGT contre les décrets-lois, est déclaré illégal : il est durement réprimé et sanctionné. Les forces de l'ordre ont recours pour la première fois aux gaz lacrymogènes, tandis que les agents des services publics sont réquisitionnés. Les effectifs syndicaux s'effondrent : à la CGT, les syndiqués sont moins de 1,5 million au début de l'année 1939 contre 4 millions en 1937.

Édouard Daladier mène aussi une politique nataliste, soucieuse de redresser la démographie française. En 1939, le Code de la famille prévoit le versement de primes à la première naissance et pour les mères au foyer, ainsi que l'encouragement à la natalité, notamment par des réductions sur les tarifs des chemins de fer à partir du troisième enfant. Une telle politique s'inscrit dans la définition désormais élargie du rôle de l'État.

3. Munich et les avatars du pacifisme

Pris dans ces conflits intérieurs, les dirigeants français n'ont pas semblé voir qu'au-dehors, de graves dangers menaçaient, et ce dès mars 1936, avec la remilitarisation par Hitler de la rive gauche du Rhin et le réarmement général de l'Allemagne. En 1938, on commence toutefois à prendre conscience que la marche à la guerre a commencé. Le 30 septembre, les accords de Munich signés par Hitler, Mussolini, le Premier ministre britannique Chamberlain et le président du Conseil français Daladier cèdent à l'Allemagne nazie une importante partie des territoires tchécoslovaques, les Sudètes, démembrant de fait la Tchécoslovaquie. Celle-ci est pourtant l'alliée de la France et cette concession faite à Hitler est une véritable trahison à son égard. Mais à son retour à Paris, Daladier est accueilli par une foule enthousiaste qui lui fait un triomphe : la guerre est évitée. Au Parlement, seul le groupe communiste vote contre ces accords, ainsi qu'un député socialiste et un député de la droite modérée. Quelques voix « antimunichoises » seulement se font encore entendre, parmi les hommes politiques de premier plan, comme Paul Reynaud et Georges Mandel, représentants de la droite anti-allemande, Pierre Cot et Jean Zay, radicaux.

Cette reculade devant Hitler apparaîtra désormais dans la vie politique française comme un acte repoussoir auquel on continuera de faire référence. « Munich » devient le symbole d'un pacifisme jusqu'au-boutiste. Ce pacifisme est très fortement ancré dans les convictions de l'époque, même si ses motivations sont diverses. D'aucuns le fondent sur le réalisme : la France n'a plus les moyens de la guerre, en raison des faiblesses de sa démographie et de son économie ; c'est notamment la conviction du président du Conseil Daladier. Les plus nombreux font reposer leur pacifisme sur le souvenir, toujours obsédant, des morts de la Grande Guerre. On peut aussi être pacifiste par anticommunisme : pour le patronat français qui préfère « se noyer dans la mer Noire plutôt que dans la mer Rouge » (André Siegfried), mieux vaut Hitler que Staline. Pour la droite nationaliste, ce pacifisme est assez nouveau et va à l'encontre de toute une tradition belliciste et germanophobe jusqu'alors caractéristique de ce courant politique.

En revanche, dans la tradition du mouvement ouvrier, ce sont l'antimilitarisme et l'opposition à la guerre impérialiste qui prévalent, bien davantage que le pacifisme en lui-même. Pour les socialistes et les communistes qui se revendiquent de la lutte de classes, ils correspondent à l'idéal internationaliste : un prolétaire français doit se sentir plus proche d'un prolétaire allemand que d'un bourgeois français. Pourtant, l'un des principaux dirigeants de la SFIO, Paul Faure, se rallie à un pacifisme intégral ; à ses yeux, aucune cause au monde ne mérite qu'on mène une guerre : « Rien ne vaut, dit-il, qu'on fasse couler le sang d'un vigneron du Mâconnais ». Dans la même veine idéologique, le Syndicat national des instituteurs adopte la formule : « La servitude plutôt que la mort ». C'est là une forme de pacifisme viscéral.

Les communistes sont quant à eux résolus à mener un combat contre l'Allemagne nazie, par la guerre s'il le faut. Aussi quel n'est pas leur effroi lorsqu'ils prennent connaissance du pacte germano-soviétique. Signé le 23 août 1939, celui-ci constitue un choc terrible et douloureux pour la plupart des militants communistes qu'il laisse désemparés, car il remet radicalement en cause leur engagement antifasciste. Nouveau virage à 180 degrés pour le PCF après celui de 1934, la ligne adoptée par Moscou suppose de renvoyer dos-à-dos régimes démocratiques et régimes fascistes. Certains quittent le parti (l'écrivain Paul Nizan en est un exemple parmi d'autres) ; des compagnons de route s'en éloignent définitivement, comme André Malraux. En outre, le pacte germano-soviétique alimente encore davantage que par le passé l'anticommunisme.

4. La guerre et la mort de la IIIe République

En 1939, la IIIe République n'est pas un régime moribond, contrairement à ce qu'une lecture *a posteriori* pourrait faire penser. Le gouvernement Daladier, par sa durée et le redressement économique qu'il a commencé à impulser, est le symbole d'une certaine autorité retrouvée, d'un pouvoir consolidé, en bref, d'un sursaut.

Le régime va prendre fin en raison de la guerre, déclenchée le 3 septembre 1939, après que l'Allemagne hitlérienne a envahi la Pologne. En France, le conflit s'apparente d'abord à une « drôle de guerre », tant paraît étrange l'attente interminable sur le front, sans attaque et en toute passivité. En effet, la stratégie militaire française est, depuis les années 1920, à la seule défensive, que symbolisent, le long de la frontière franco-allemande, les fortifications formant la « ligne Maginot » ; celle-ci toutefois ne protège ni les Ardennes, que l'on croit infranchissables, ni la frontière franco-belge, trop difficile à aménager.

Or, le 10 mai 1940, l'armée allemande lance une grande offensive, à travers la Hollande, la Belgique et le Luxembourg, et perce le front français à Sedan, en traversant les Ardennes, le 14 mai : la France est envahie. L'état-major français n'avait pas prévu une guerre de mouvement. Pourtant, les capacités militaires françaises ne sont pas inférieures à celles des forces allemandes ; c'est même le contraire en ce qui concerne les blindés et les chars. Mais ce sont surtout les avions de combat qui font défaut, alors que la Wehrmacht dispose de redoutables avions bombardiers, lancés dans une véritable guerre-éclair (*Blitzkrieg*). Près de 100 000 soldats français meurent au cours de ces combats. L'avancée allemande est si rapide que la panique s'empare des populations : au nord de la Loire, l'exode touche huit à dix millions de personnes. C'est une véritable débâcle. Le 14 juin, les premières troupes allemandes arrivent à Paris et défilent sur les Champs-Élysées, Hitler en tête. Le gouvernement se replie à Bordeaux, tandis que la Wehrmacht a franchi la Loire. Défavorable à l'armistice que réclament le maréchal Pétain et le général Weygand à la tête du commandement français, le président du Conseil Paul Reynaud, qui a succédé à Édouard Daladier le 21 mars, démissionne. Il est remplacé par Pétain le 17 juin. L'armistice est signé le 22.

Le 10 juillet 1940, le Congrès (la Chambre des députés et le Sénat), réuni à Versailles, accorde au maréchal Pétain « le droit de promulguer une nouvelle Constitution de l'État français ». Sur 569 parlementaires, seuls 80 lui refusent ce pouvoir en votant contre (parmi eux se trouvent 36 socialistes – sur 132 – dont Léon Blum lui-même) et 20 s'abstiennent (dont le radical Édouard Herriot). Les députés communistes ne sont pas présents : au début de la guerre, ayant cautionné et expressément défendu l'alliance entre l'URSS et l'Allemagne nazie, le PCF a été dissous par décret, ses députés ont été mis aux arrêts pour trahison, et ses journaux ont été saisis. Le lendemain, 11 juillet, Pétain devient chef de l'État français et prend en main les pouvoirs exécutif et législatif. Le nouveau régime s'installe à Vichy, faute d'être autorisé par les Allemands à rentrer à Paris. C'en est fini de la IIIe République.

« Qu'on ne vienne pas nous chanter des airs de berceuse ; tout un peuple est désormais en marche, d'un pas assuré, vers un magnifique destin. Dans l'atmosphère de victoire, de confiance et de discipline qui s'étend sur le pays, oui TOUT EST POSSIBLE aux audacieux !

[...] Ce qu'appellent, du fond de leur conscience collective, des millions et des millions d'hommes et de femmes, *c'est un changement radical, à brève échéance, de la situation politique et économique.* On ne pourrait pas impunément remettre à plus tard, sous prétexte que le programme du Rassemblement populaire ne l'a pas explicitement définie, l'offensive anticapitaliste la plus vigoureuse.

[...] Voilà pourquoi nous sommes favorables à la création de *Comités populaires* entraînant dans le mouvement toutes les énergies démocratiques et prolétariennes sans gêner, bien au contraire, le développement du Parti ni des syndicats.

[...] Nous sommes à une heure qui ne repassera sans doute pas de sitôt au cadran de notre histoire. »

Marceau Pivert, « Tout est possible », article paru dans *Le Populaire* (quotidien de la SFIO), le 27 mai 1936.

« Non ! Il n'y a ni chambardement, ni anarchie. Il y a tout simplement un programme de Front populaire, dont le président Daladier a fait récemment observer qu'il n'avait rien de révolutionnaire et qu'il n'était pas de nature à effrayer qui que ce soit. [...]

Non, non ! Marceau Pivert. Il n'est pas question pour le gouvernement de demain "d'opérations chirurgicales" [...]

Il faut cesser de livrer des armes aux ennemis et aux démolisseurs du Front populaire qui voudraient bien que s'éloigne de nous toute une masse de gens qui nous regarde avec beaucoup de sympathie mais qui n'est pas encore prête à suivre dans notre action le même rythme que la classe ouvrière. Le Front populaire ira de l'avant dans l'ordre, le calme et la discipline. Voilà ce qu'il faut pour la victoire commune. »

Marcel Gitton, « Tout n'est pas possible », article paru dans *L'Humanité* (quotidien du PCF), le 29 mai 1936.

Chapitre IV
1940-1945 : les années de tourmente

On a parlé, pour évoquer la période courant de 1940 à 1945, des « années sombres » ou encore des « années noires ». Cette époque est en effet celle d'un ravage, sur tous les plans, matériel, moral et idéologique. La France vient de subir une défaite telle qu'elle n'en a jamais connue : en six semaines, l'armée allemande est parvenue à réaliser ce que les troupes de Guillaume II, durant la Première Guerre mondiale, n'avaient pu faire en quatre années. Le traumatisme né de cette débâcle est profond : l'effondrement de 1940 est vécu comme un cataclysme.

Par l'armistice, la France reconnaît sa défaite ; la majorité de la classe politique y est favorable. Les clauses de cet armistice sont draconiennes : les troupes doivent être désarmées (sauf celles qui servent à maintenir l'ordre intérieur) ; le matériel de guerre est livré aux Allemands, à l'exception de la flotte ; les frais d'entretien des troupes allemandes d'occupations sont à la charge du gouvernement français ; celui-ci doit en outre livrer tous les ressortissants allemands désignés par le Reich. Mais ces clauses permettent à un État français de se maintenir, ce qui convient d'ailleurs très bien à Hitler : en effet, le gouvernement français gérera les affaires courantes, et en délestera par là même la puissance occupante. Officiellement, l'armistice est le prélude à la signature d'un traité de paix, qui doit notamment permettre la libération des prisonniers de guerre : 1 700 000 sont en effet détenus en Allemagne. Cependant, Hitler se refuse à conclure des accords de paix tant que la guerre n'est pas achevée – or les combats continuent, avec l'Angleterre en particulier : les prisonniers ne sont donc pas libérés. Cette question se trouve au cœur du régime de Vichy : celui-ci ne cesse d'être demandeur à l'égard de l'Allemagne et s'enfonce ainsi peu à peu dans la collaboration d'État, par une sorte d'engrenage sans fin. À compter de la signature de l'armistice, la France est coupée en deux : une ligne de démarcation sépare « zone Nord », occupée par les troupes allemandes, et « zone Sud », représentant environ un tiers du territoire.

Durant quatre ans, la France se trouve par conséquent sous un régime d'exception et d'occupation. Rompant avec une tradition républicaine longue de plusieurs décennies, l'« État français » que dirige Philippe Pétain est fondamentalement antirépublicain et antidémocratique. Pour autant, cette période n'est pas une parenthèse accidentelle, qui ne serait due qu'au désastre militaire subi alors par la France – même s'il est certain que peu de régimes survivent à une défaite militaire. Malgré son caractère inédit, on retrouve sous Vichy des héritages du passé. De même, si ce régime se caractérise, sous bien des aspects, par une idéologie archaïque et réactionnaire, il recèle aussi des éléments qui feront la modernité de la France après-guerre.

Il faut également démêler ce qui, dans les mesures prises par ce régime, relève de pures et simples allégeances à l'occupant ou au contraire d'initiatives propres. À cet égard, un historien américain, Robert Paxton, a le premier montré (en 1973) que, loin d'être seulement passif face aux exigences allemandes, Vichy était un régime doté d'une politique autonome.

I. L'idéologie vichyste

1. Maréchalisme et pétainisme

À nouveau, la France a donc recours à un vieillard faisant figure d'« homme providentiel ». Né en 1856, Philippe Pétain, promu maréchal de France en novembre 1918, est l'un des héros de la Grande Guerre, celui qui a contribué à la victoire de Verdun, celui aussi qui a maté les mutineries de 1917, mais également tenté d'améliorer les conditions de vie des soldats au front. En 1924, Pétain se trouve à la tête des troupes françaises et écrase dans le sang les émeutes au Maroc lors de la guerre du Rif. Élu à l'Académie française, à l'unanimité, en 1929, il devient ministre de la Guerre en 1934. D'aucuns pensent à lui pour l'élection présidentielle de 1935, mais il décline la proposition. Bien qu'il se soit retiré de la vie politique française à l'âge de 80 ans, en 1936, il est rappelé de nouveau par Daladier pour renouer les relations avec Franco et est alors nommé ambassadeur de France en Espagne. Au début de 1940, il est le vice-président du cabinet de Paul Reynaud. Le 17 juin, quand il prend la tête du gouvernement, il déclare faire « don de [sa] personne à la France ».

Une distinction entre « maréchalisme » et « pétainisme » a été établie par les historiens, en particulier Jean-Pierre Azéma, pour différencier les différentes modalités de l'adhésion au régime de Vichy et à la personne de Pétain.

Être maréchaliste, comme le sont de fait beaucoup de Français en 1940, c'est faire confiance à celui qui se présente comme un bouclier pour protéger la France. De très nombreux Français sont d'autant plus aisément maréchalistes que toute une propagande le met en scène en vieil homme débonnaire, paternel et aimant les enfants. Une légende se dessine autour du bon vieillard aux cheveux blancs et aux yeux d'un bleu intense, symbole de pureté et d'infaillibilité. Campé en sauveur de la France, il est parfois comparé à Jeanne d'Arc, et vénéré comme elle. Un « art Maréchal » voit le jour, depuis les calendriers et almanachs jusqu'aux assiettes à son effigie. Un hymne, « Maréchal nous voilà ! », promet de « suivre ses pas ».

En revanche, on appelle « pétainistes » ceux qui se reconnaissent bien davantage dans l'*idéologie* de Pétain. Celle-ci se fonde sur des exclusions et des oppositions binaires, comme le montre cet extrait d'un texte de Pétain paru le 15 août 1940 dans *La Revue des Deux Mondes* : « Il n'y a pas de neutralité possible entre le vrai et le faux, entre le bien et le mal, entre la France et l'anti-France ». Cette « anti-France » selon Pétain, ce sont tout ensemble les juifs, les francs-maçons et les communistes, dénommés les « moscoutaires ». De tous ceux-là, il s'agit d'épurer les administrations : 35 000 fonctionnaires sont d'emblée révoqués. Des hommes politiques sont emprisonnés, tels Léon Blum, Édouard Daladier, Léon Jouhaux ou Paul Reynaud. L'« anti-France », ce sont aussi tous ceux qui ont fait le choix de la « dissidence », les résistants.

Qui sont donc les pétainistes ? Il y a, parmi eux, ceux qui veulent prendre là leur revanche des grèves de 1936, se venger du Front populaire et du « juif Léon Blum ». À cet égard, la droite classique et conservatrice, qui a eu si peur en 1936, se rassemble, dans cette dérive, avec les représentants de la droite extrême, fascistes et maurrassiens. Mais dans l'entourage de Pétain ne figurent pas que des hommes de droite. On y trouve également René Belin, ancien secrétaire confédéral de la CGT, qui devient ministre du Travail, Gaston Bergery, venu du Parti radical et plus précisément du courant « Jeunes Turcs », ou encore Paul Faure, l'ancien dirigeant de la SFIO. Ces hommes ont pour point commun leur pacifisme viscéral qui les a fait s'opposer violemment à la guerre contre l'Allemagne nazie. C'est pourquoi l'historien Stanley Hoffmann a pu parler d'une « dictature pluraliste » : l'expression peut paraître contradictoire dans les termes ; en fait, elle désigne un régime autoritaire mais qui fédère différents courants politiques.

Parmi les pétainistes, on trouve tous ceux qui ne se reconnaissent pas (ou plus) dans l'héritage de la Révolution française et dans la République. Ainsi Pétain méprise-t-il les droits de l'homme, « préface à la fois naïve et présomptueuse aux différentes Constitutions », selon ses termes. La devise républicaine « Liberté, Égalité, Fraternité » disparaît, remplacée par cette autre : « Travail, Famille, Patrie ».

2. Travail, famille, patrie

Le travail et le sens de l'effort sont considérés par le régime comme des valeurs essentielles. De ce point de vue, le corporatisme s'inscrit pleinement dans l'idéologie de Vichy : il s'agit de rassembler tous les « travailleurs », qu'ils soient patrons ou salariés ; c'est un refus total de l'idée de lutte de classes. Pratiquement, le corporatisme consiste à organiser la société en corporations ou familles professionnelles et trouve sa traduction dans la Charte du Travail : employeurs et salariés doivent se regrouper, au sein de chaque entreprise, dans des comités gérant les œuvres sociales ; la grève comme le lock-out sont désormais interdits ; les syndicats sont démantelés au profit de structures de rassemblement et d'un « syndicat » unique et obligatoire créé en octobre 1941. Le corporatisme existe aussi dans le monde agricole : la Corporation paysanne doit rassembler toutes les catégories de paysans, organisés à leur tour dans des syndicats à l'échelle de la commune, du canton et du département.

Quant à l'importance qu'attache le régime de Vichy à la famille, elle n'est pas sans lien avec la doctrine catholique traditionnelle, accordant une place de choix aux valeurs privées et en particulier familiales. Il faut d'abord encourager à tout prix la natalité. La propagande en faveur de la famille est couplée à une répression à sa hauteur : l'avortement est considéré par une loi de septembre 1941 comme une « infraction de nature à nuire à l'unité nationale, à l'État et au peuple français » ; un tribunal d'exception est instauré pour le poursuivre et, en 1943, une « avorteuse » est guillotinée. Le régime mêle en fait encouragement et coercition. La fête des mères est créée pour célébrer le foyer et la communauté familiale, tandis que le divorce est interdit durant les trois premières années du mariage — cela n'empêche d'ailleurs pas l'accroissement du nombre de divorces : on en compte environ 15 000 en 1941 et plus de 21 000 en 1944. L'autoritarisme montre ici ses limites dans la pratique.

La patrie française, enfin, est exaltée. Une fois par semaine, les élèves des écoles doivent assister à la « cérémonie des couleurs » : ce jour-là, le drapeau français est hissé dans la cour des établissements scolaires. Les maîtres ont aussi pour consigne de réciter un « credo à la patrie », le jour de la Sainte-Jeanne d'Arc notamment, tandis que l'enseignement de l'histoire met en valeur la grandeur nationale et « les destinées de la France ».

L'idéal de Pétain se trouve dans la « Révolution nationale » : il s'agit, par cette formule, de revenir à l'étymologie du mot « révolution » : « retourner à » ; il y a bien là une idéologie réactionnaire, au sens strict du terme. La régénération intellectuelle et morale du pays ne peut venir que de l'intérieur, des ressources profondes de la France. Celles-ci s'enracinent dans les terroirs et les provinces : c'est un retour, en somme, à la France d'Ancien Régime. Contre les départements créés par la République française, le pays est divisé en régions et des préfets de région sont nommés à partir de 1941, pendant que les études régionalistes et l'enseignement des dialectes locaux et autres « langues régionales » sont encouragés.

« Travail, famille, patrie : ces trois mots sont les nôtres » résume le cardinal Gerlier, archevêque de Lyon, en novembre 1940. Ils correspondent de fait assez largement à la vision organiciste et hiérarchisée de la société qu'a l'Église catholique et favorisent les solidarités « naturelles » que sont la famille, la profession ou encore la commune.

3. Comment « régénérer la France » ? Un océan de conservatisme et quelques gouttes de modernité

Le salut de la France se trouve dans ses valeurs, en particulier celles de « la terre ». « La terre, elle, ne ment pas », affirme Pétain. L'une des chansons populaires de l'époque assimile la France à un « vieux chalet » « là-haut sur la montagne » ; malgré « la neige et les rochers » qui « se sont unis pour l'arracher », ce vieux chalet reste debout. La nation telle que la voit Pétain est tout entière dans cette pastorale ; le maréchal rêve d'ailleurs de faire de la France une sorte de Suisse bien protégée des événements extérieurs. Vichy célèbre les traditions rurales, le folklore, les coutumes comme les feux de la Saint-Jean ou les vieilles chansons françaises, mais aussi les superstitions paysannes. Le régime cherche également à encourager le « retour à la terre » et le repeuplement des zones rurales : aux volontaires, un pécule est versé et ils sont dédommagés de leurs frais de déménagement. C'est pourtant un échec total : en quatre années, à peine 450 jeunes auront fait ce choix.

Par opposition aux valeurs paysannes ainsi glorifiées, Pétain conçoit une haine à l'égard des intellectuels, en qui il ne voit que des idéologues. Il s'en prend aussi aux instituteurs laïques qu'il accuse d'être à l'origine de la défaite française et de la décadence morale : souvent engagés à gauche, les instituteurs sont soupçonnés de n'avoir pas enseigné à leurs élèves l'amour de la patrie, du fait de leur pacifisme et de leur internationalisme. Les conséquences ne s'en font pas attendre : la délation est encouragée à l'encontre des maîtres dont l'opinion divergerait, et des centaines d'enseignants sont révoquées. Les écoles normales d'instituteurs sont supprimées et les syndicats d'enseignants, si puissants dans les années 1930, sont dissous et remplacés par des associations professionnelles placées sous le contrôle sourcilleux du pouvoir. Le régime de Vichy représente à cet égard une violente offensive cléricale et anti-laïque. Des subventions sont accordées aux écoles privées et l'interdiction d'enseigner pour les ordres religieux est levée, tandis que l'instruction religieuse est réintroduite, comme option, dans les écoles publiques. Le journal catholique *La Croix* peut ainsi proclamer : « La France sans Dieu a vécu ». Le régime revendique un retour à l'ordre moral, par la référence appuyée aux valeurs chrétiennes.

La jeunesse, tout particulièrement, doit être éduquée dans le sens d'une « régénération » : il faut qu'elle soit obéissante et saine, comme le préconise Jean Borotra, ancien champion de tennis promu Commissaire à la Jeunesse et au Sport. Pour ce faire, le sport apparaît comme une panacée : il doit être pratiqué dans les écoles notamment ; une épreuve de gymnastique est donc inscrite au programme du baccalauréat. Ce goût pour le sport, les activités de plein air et l'épanouissement du corps avait déjà caractérisé les années 1930 : il suffit de se rappeler l'œuvre de Léo Lagrange. Mais cette fois, la formation physique est étroitement associée à l'éducation morale et à la discipline, beaucoup plus qu'à l'épanouissement de l'individu.

La jeunesse : cette catégorie de la population est bien l'objet de toutes les attentions du régime. Pour une partie d'entre elle sont constitués les Chantiers de jeunesse. À l'origine, ils rassemblent les jeunes gens appelés sous les drapeaux : ceux-ci sont désormais dispensés de service militaire, puisque l'armistice de 1940 l'a interdit. Durant huit mois, ces jeunes gens doivent accomplir des travaux d'utilité publique et respecter la devise inspirée du scoutisme, « Toujours prêts ! ». Les Chantiers de Jeunesse accordent aussi une place importante au cérémonial, notamment l'hommage à Pétain.

On peut donc à bon droit parler de conservatisme et d'archaïsme à propos des valeurs que défend le régime. Toutefois, sous Vichy se dessine aussi une modernisation des rapports entre l'État et l'économie. Un courant planiste, né dans les années 1930, voit ses propositions progressivement mises en œuvre. Mais si le rôle de l'État s'accroît fortement au cours de cette période, c'est surtout pour faire face à de très rudes conditions économiques. De ce point de vue, les deux piliers de la politique vichyste sont le dirigisme et la planification. Le dirigisme s'illustre dans un recensement systématique de tous les stocks, de la main-d'œuvre et des équipements en état de marche, ainsi que par l'organisation du rationnement et la fixation des prix et des salaires. Un Office central de répartition des produits industriels est créé, dont les dirigeants sont recrutés parmi les chefs d'entreprise. Une Direction générale à l'Équipement national est fondée et dirigée par François Le Hideux, entouré d'une équipe de hauts fonctionnaires ; les principaux objectifs qu'ils se donnent consistent à rendre l'industrie française compétitive sur le marché mondial et à moderniser le secteur agricole. Le premier plan national, censé concerner les dix années à venir, est publié en 1942. L'intervention de l'État se manifeste encore dans l'extension des Assurances sociales (prestations élargies, nombre croissant de bénéficiaires). Le régime instaure aussi un salaire minimum vital et une allocation aux vieux travailleurs salariés sans ressources suffisantes, ce que le Front populaire n'avait pas fait.

II. La France en ses heures noires

1. Évolutions : le durcissement du régime

Si l'idéologie de Vichy ne varie guère, l'histoire de cette période, toutefois, n'est pas linéaire. Elle connaît des évolutions qui toutes s'orientent vers un durcissement du régime et une collaboration avec l'occupant sans cesse accrue.

À l'origine, le régime de Vichy et surtout son chef sont d'autant plus populaires qu'ils affirment protéger la France de ses ennemis, parmi lesquels figure un pays qui poursuit le combat : la Grande-Bretagne. De fait, celle-ci apparaît en ennemie, car le 3 juillet 1940, dans la base de Mers-el-Kébir près d'Oran en Algérie, les troupes britanniques détruisent la flotte française : cette attaque fait près de 1 300 victimes parmi les marins français. L'anglophobie atteint des sommets en France et l'État français en joue pour se fortifier.

Mais le paradoxe du régime réside en ce qu'il souhaite « régénérer » la nation française tout en la plaçant dans une dépendance de plus en plus grande à l'égard de l'Allemagne nazie. Il veut en effet lui montrer qu'il peut lui-même assurer l'ordre en France et donc lui quémander une part, sinon de souveraineté, du moins d'autorité. Ainsi, Pétain rencontre-t-il Hitler à Montoire (Loir-et-Cher) le 24 octobre 1940 ; ils se serrent la main. Dans l'opinion, « Montoire » est extrêmement impopulaire, mais c'est Pierre Laval, vice-président du Conseil et très résolu dans la politique de collaboration avec l'Allemagne, qui attise cette impopularité, et non Pétain. Le 13 décembre 1940, Laval est contraint de démissionner, car Pétain estime qu'il lui fait de l'ombre ; il est remplacé par Pierre-Étienne Flandin puis par l'amiral François Darlan. Celui-ci pousse plus loin encore la collaboration économique et politique avec l'Allemagne.

Laval revient cependant aux affaires en avril 1942, imposé à Pétain par l'occupant qui soupçonne Darlan de tractations avec les Américains. Dès lors, Laval engage toujours davantage la France dans la collaboration ; il affirme souhaiter la victoire de l'Allemagne, « parce que, sans elle, le bolchevisme demain s'installerait partout », dit-il. Après le débarquement anglo-américain en Afrique du Nord le 8 novembre 1942, les soldats allemands envahissent la zone libre : l'occupation s'étend désormais à tout le pays.

À partir de 1943, Vichy se transforme de plus en plus en État policier. Le 30 janvier 1943, Pétain signe l'ordre de création de la Milice, à la demande personnelle d'Hitler. Cette force de police auxiliaire, regroupant environ 30 000 personnes, dirigée par Joseph Darnand, est destinée à supprimer tous ceux qui s'opposent au régime, en particulier les résistants. Ses chasses à l'homme s'accompagnent d'une effroyable sauvagerie : la population considère souvent les miliciens comme des SS français. Outre les résistants, les miliciens s'en prennent à tous ceux qui refusent le Service du travail obligatoire : à partir de février 1943, sur ordre du régime, tous les jeunes hommes de 20 à 22 ans doivent en effet se soumettre au STO, d'une durée de deux ans (un an pour les étudiants). C'est une réquisition de travailleurs envoyés en Allemagne pour pallier la carence d'ouvriers et de paysans, mobilisés ; c'est aussi un signe supplémentaire de la soumission de Vichy aux nazis.

Les collaborationnistes, c'est-à-dire ceux dont l'idéologie est franchement pronazie (à la différence des collaborateurs qui, eux, n'adhèrent pas au nazisme), tels Marcel Déat au sein du Rassemblement national populaire et Jacques Doriot à la tête du Parti populaire français, ont de plus en plus d'influence sur le gouvernement. Certains en deviennent membres : Joseph Darnand et Philippe Henriot, chefs de la Milice, sont respectivement secrétaire général au maintien de l'ordre et secrétaire d'État à l'Information à partir de janvier 1944 ; Déat est ministre « du Travail et de la Solidarité nationale » à partir de mars. Ceux-là sont les plus prompts à exalter la politique meurtrière nazie.

2. L'antisémitisme d'État et la persécution des juifs

Dans le génocide de la population juive, le régime de Vichy a une responsabilité directe. Même s'il n'en a pas été le promoteur, sa complicité avec les nazis est active. Avant les déportations elles-mêmes, l'antisémitisme d'État se traduit par une discrimination violente, qui touche tous les juifs vivants en France : ils sont 300 000 environ, dont la moitié possède la nationalité française. L'exclusion et la persécution des juifs se déroulent en plusieurs étapes. C'est tout d'abord la privation des droits nationaux pour les juifs français : le premier statut des juifs, promulgué le 3 octobre 1940, leur interdit l'accès à la Fonction publique, aux professions culturelles, à l'armée et à la magistrature, et les prive de toutes fonctions électives. Les juifs étrangers doivent quant à eux être internés dans des « camps spéciaux ». Le 7 octobre, le décret Crémieux, datant de 1870 et qui avait permis de naturaliser tous les juifs d'Algérie, est abrogé : 110 000 juifs vivant en Algérie perdent ainsi leur nationalité française ; de citoyens, ils deviennent des sujets. Le second statut des juifs, paru le 2 juin 1941, étend la définition du juif : il suffit désormais d'avoir deux grands-parents juifs, et non plus trois, pour être considéré comme juif. Un *numerus clausus* (un système de quotas) leur est imposé dans les professions libérales (où ils ne peuvent être plus de 2 %) et à l'Université (3 %). Or, les statuts de 1940 et 1941 sont bien l'initiative du régime de Vichy et de lui seul ; ils ne lui ont pas été imposés par l'Allemagne nazie. Un Commissariat aux questions juives, dirigé par Xavier Vallat, puis par Louis Darquier, est d'ailleurs instauré à Vichy en mars 1941 pour coordonner et faire appliquer de telles mesures.

L'exclusion est aussi d'ordre économique. Certaines entreprises sont « aryanisées » ; leurs propriétaires en sont purement et simplement spoliés et elles sont transférées à des personnes non juives. Puis sont imposés l'identification et le marquage des individus, à partir de mai 1942, par le port obligatoire de l'étoile jaune (qui n'existe qu'en zone occupée et non en zone Sud) : « Le juif tue dans l'ombre, marquons-le pour le reconnaître », clament certaines affiches placardées sur les murs des villes.

Le processus s'achève par la déportation. Dès mai 1941 commencent les arrestations massives en zone occupée ; elles concernent indifféremment des juifs français et étrangers. À l'été 1942, les rafles font des milliers de victimes, hommes, femmes, enfants et vieillards ; la rafle du Vél d'Hiv (le Vélodrome d'Hiver, à Paris), les 16 et 17 juillet 1942, touche à elle seule près de 13 000 personnes. Ce sont des policiers et des gendarmes français qui procèdent à ces arrestations. Des rafles nombreuses de juifs français et étrangers ont lieu aussi en zone Sud à partir d'août 1943, sous l'autorité directe de l'État français. Le régime de Vichy livre ainsi aux nazis les juifs étrangers résidant en zone libre et gère leur transport jusqu'à la frontière franco-allemande, *via* le camp de Drancy, d'où ils partent pour des camps d'extermination, généralement Auschwitz.

Mais l'opinion publique, globalement, reste inerte et indifférente, prise dans les soucis quotidiens de ces temps d'occupation et de pénurie. Ce n'est qu'à partir de l'été 1942, lorsque les arrestations de masse se font visibles, que des franges de la population française commencent à réagir face à ces persécutions. En ce qui concerne l'Église, les rafles de l'été 1942 suscitent la protestation de six évêques de la zone Sud, mais la dénonciation publique ne va pas au-delà. En revanche, des réseaux d'aide et de solidarité se mettent en place, le plus souvent non structurés : il s'agit en général de donner refuge à un enfant, éventuellement de procurer de faux papiers. Assurément, de nombreux juifs ont ainsi pu être sauvés. Mais parmi les 83 000 déportés (dont 23 000 juifs français), seuls 3 % ont survécu.

3. Vivre dans la tourmente

Dans la population, c'est l'attentisme qui prédomine. Le ravitaillement, les nécessités du quotidien demeurent des priorités pour la plupart des Français. De fait, la situation économique du pays est fort précaire. À l'automne 1940, elle est même catastrophique : on compte un million de chômeurs, la production agricole et industrielle s'est effondrée, les circuits de distribution sont désorganisés. La France doit entretenir les troupes d'occupation allemandes, ce qui lui coûte en moyenne 300 millions de francs par jour, et même 500 millions à la fin de la guerre. Tout manque : les produits de première nécessité, le gaz, le charbon, l'essence. Il faut parfois attendre des heures dans le froid, à la mauvaise saison, pour pouvoir acheter un peu de nourriture. La pénurie engendre le marché noir : une économie parallèle et clandestine se généralise. Les petits commerçants sont soupçonnés de s'enrichir en profitant du rationnement. La France vit aussi sous le feu des bombardements, tant alliés qu'allemands : au total, 60 000 personnes périssent sous les bombes. Avec la création de la Milice, c'est la terreur qui règne, encore accrue lorsqu'à l'été 1944, les troupes allemandes en pleine débandade assassinent à l'aveugle, comme en témoignent la tragédie d'Oradour-sur-Glane, en Haute-Vienne, où près de 650 hommes, femmes et enfants sont abattus ou brûlés vifs, et celle de Tulle (99 civils sont pendus un peu partout dans la ville). Dans le Vercors, tout un maquis de résistants (4 000 hommes) et la population villageoise qui l'avait soutenu sont anéantis.

En raison sans doute de la culture républicaine qui a imprégné les consciences plusieurs décennies durant, en raison aussi du patriotisme qui lui est étroitement lié, la collaboration avec l'Allemagne nazie apparaît abjecte à bien des Français. C'est Pierre Laval qui est associé, dans l'opinion, à cette politique. Mais c'est aussi le régime dans son ensemble qui est peu à peu discrédité, même si la personne de Pétain échappe relativement à cette hostilité de plus en plus générale : comme souvent dans les phénomènes d'opinion, le chef est épargné, c'est son entourage qui est rendu responsable de la situation. Une évolution très nette de l'opinion publique peut ainsi être observée : après les premiers mois, marqués par une sorte d'état de grâce dû au soulagement général puisque la France n'est plus en guerre, le régime de Vichy devient de moins en moins populaire. Le 12 août 1941, Pétain, qui en prend conscience, l'exprime dans un discours évoquant « un vent mauvais ». Les conditions d'existence se sont encore détériorées. En mai 1941, une courageuse grève de mineurs s'oppose tout à la fois à cette situation matérielle d'une grande précarité et à l'occupation allemande. L'instauration du STO, qui touche au total 650 000 hommes, a des conséquences décisives sur l'opinion ; des actions menées par des mères et des femmes de jeunes gens entendent empêcher certains convois de partir ; les trains partent malgré tout pour l'Allemagne, mais alors, depuis les wagons s'élèvent parfois des chants interdits – « La Marseillaise », « L'Internationale » – et des cris comme « À bas Hitler ! ». Les réfractaires au STO n'ont souvent d'autre choix que de rejoindre les maquis de la résistance. En outre, la perception de la fin de la guerre se modifie : à la différence de ce qu'on pensait en 1940, il n'est désormais plus aussi certain que l'Allemagne sortira vainqueur du conflit. Le fait de pouvoir espérer une autre issue favorise les engagements dans le refus et la résistance.

III. Les différents visages de la Résistance

1. De Gaulle et les Forces françaises libres

C'est officiellement le 18 juin 1940 que le général Charles de Gaulle entre sur la scène internationale, grâce à son désormais très célèbre « appel aux Français » diffusé par la radio anglaise, la BBC, affirmant que la « flamme de la résistance française ne doit pas s'éteindre et ne s'éteindra pas ». À ses yeux, si la guerre n'a momentanément plus cours dans l'Hexagone, elle doit se poursuivre grâce à l'Empire colonial, à la Grande-Bretagne et peut-être aux États-Unis. En réalité, bien peu de gens ont entendu ce discours, et de Gaulle est encore à cette date très largement un inconnu. Il n'est pourtant pas tout à fait un nouveau venu dans la sphère politique française. Né en 1890, militaire de carrière issu de l'École de Saint-Cyr, de Gaulle avait prôné la constitution d'une armée professionnelle essentiellement motorisée et blindée dans *Vers l'armée de métier* en 1934. Alors colonel, il a participé aux premiers combats de 1939-1940. Le 5 juin 1940, il est entré dans le gouvernement de Paul Reynaud comme secrétaire d'État à la Défense et à la Guerre. Vivement opposé à l'armistice, il gagne Londres où il espère être rejoint par des hommes politiques et par des officiers : cet espoir sera en grande partie déçu, car très peu de personnalités de premier plan rallieront Londres.

Par sa volonté de poursuivre le combat, Charles de Gaulle s'affirme à la tête de la « France Libre ». De Gaulle entend ainsi représenter la continuité nationale et considère la France Libre comme le seul pouvoir français légitime – en témoigne par exemple le *Journal officiel* dont elle dispose. Ses troupes sont principalement des hommes jeunes, fonctionnaires, étudiants et militaires, combattant en Afrique surtout aux côtés des Britanniques. Mais en ce qui concerne l'Empire colonial, seule l'Afrique équatoriale française (le Cameroun, le Tchad, le Togo) la rejoint, ainsi que quelques territoires dispersés comme les Nouvelles-Hébrides, la Nouvelle-Calédonie et les comptoirs français des Indes. Grâce aux moyens mis à sa disposition par la BBC, la France Libre diffuse chaque jour une chronique intitulée « Honneur et patrie » lors de l'émission « Les Français parlent aux Français », qui contribue à faire connaître le général de Gaulle et à asseoir sa popularité.

2. La Résistance intérieure

En France même, des formes diverses de résistance à l'occupant se mettent en place et se structurent progressivement. S'attelant à des activités de renseignement, d'évasion, de sabotage, d'exécutions d'officiers allemands et de collaborateurs, la Résistance intérieure passe aussi par la publication de journaux clandestins comme *Défense de la France,* fondé en août 1941. De fait, certains mouvements préfèrent le travail de propagande à l'action militaire, afin de sensibiliser l'opinion au rejet du nazisme et de la collaboration. Mais la lutte armée est privilégiée en zone Nord, avec des réseaux tels que Ceux de la Résistance, Ceux de la Libération (globalement apolitiques), Libération-Nord (dirigé surtout par des syndicalistes et des socialistes), l'Organisation civile et militaire (OCM, ancrée à droite). En zone Sud, on trouve Combat, Libération-Sud et Franc-Tireur, davantage tournés vers la lutte politique, même si leurs membres se battent aussi les armes à la main.

À partir de juin 1941, date de l'invasion de l'URSS par la Wehrmacht, c'est tout le Parti communiste qui entre en résistance et fonde le Front national de lutte pour l'indépendance. Les communistes prennent la tête des Francs-tireurs et Partisans (FTP). Tous ceux qui, dans la Résistance, pouvaient encore adhérer aux valeurs de Vichy, comme les membres de l'OCM ou de Combat, condamnent définitivement le régime de Pétain en 1942 avec l'accentuation de la collaboration. Dès lors, les résistants peuvent envisager d'unir leurs forces jusque-là dispersées.

Fin 1942, cette perspective commence à se concrétiser avec la fusion des trois principaux mouvements de zone Sud dans les MUR (Mouvements unis de Résistance), sous l'égide de Jean Moulin, ancien préfet de l'Eure-et-Loir de tendance radicale-socialiste. Puis vient la création du Conseil national de la Résistance (CNR), le 27 mai 1943, dans le but d'unifier les différents mouvements et partis et de préparer l'avenir. Son premier président est Jean Moulin : arrêté le 21 juin, celui-ci mourra quelques jours plus tard, après avoir été torturé par un chef de la Gestapo, Klaus Barbie. Georges Bidault, l'un des dirigeants de la démocratie chrétienne, lui succède, mais le CNR est en fait placé sous la houlette de De Gaulle. Le CNR rédige un « Programme d'action de la Résistance », prévoyant notamment la nationalisation des principaux moyens de production. Les communistes veulent y voir le noyau du futur gouvernement qui prendra le pouvoir à la Libération, contrairement à de Gaulle. Ce dernier copréside avec le général Giraud un Comité français de Libération nationale (CFLN), installé à Alger en 1943, que de Gaulle considère pour sa part comme le seul gouvernement légitime.

3. Résister : les raisons de l'engagement

Qui entre en résistance, et pourquoi ? Parmi les résistants, certains s'engagent par haine du nazisme, en toute connaissance de cause, sachant exactement ce qu'est cette idéologie. D'autres ne supportent guère de voir la France défaite et occupée par les troupes de « l'ennemi héréditaire ». D'autres encore font le choix de résister par volonté de s'émanciper de la tutelle d'un régime autoritaire et paternaliste. Parfois, ces différents facteurs sont étroitement mêlés dans les trajectoires individuelles. On ne choisit pas pour autant forcément l'organisation dans laquelle on s'engage : c'est là souvent l'effet du hasard, d'une rencontre. Telle est la conséquence de la clandestinité.

Après des engagements isolés et ceux, massifs, des communistes à partir de juin 1941, les réfractaires du STO constituent, à partir de 1943, un deuxième afflux vraiment important vers la Résistance, que prolonge celui des volontaires de 1944, quand la défaite allemande apparaît inéluctable et imminente. Mais les réseaux organisés n'ont pas toujours les moyens matériels (les armes notamment) de les accueillir. La Résistance reste extrêmement minoritaire au sein de la population française ; elle n'en représente pas plus de 2 %. Les Forces françaises libres (FFL) ne rassemblent que 35 000 hommes et femmes à la fin de l'année 1940, environ 500 000 à la fin de la guerre, et l'on compte près de 100 000 personnes ayant rejoint les Forces françaises de l'intérieur (FFI), à l'été 1944. C'est très peu.

En effet, la Résistance oblige au combat clandestin ; elle exige donc de l'individu, non seulement qu'il prenne des risques, mais encore qu'il se marginalise, voire qu'il s'exile. L'État français interdit de combattre l'Allemagne, et tous ceux qui dérogent à cette loi sont passibles de la peine de mort. Les résistants sont présentés par le régime comme des hors-la-loi, des « terroristes », des bandes d'étrangers. Résister, c'est donc se sentir sans cesse traqué. En raison de l'exécution arbitraire de personnes prises en otages par l'occupant, sanctionnant dans le sang certains actes de résistance, la crainte des représailles est intense, et les résistants sont dès lors parfois jugés par une partie de la population comme irresponsables. C'est une guerre franco-française qui se mène aussi pour eux, dans certains maquis, comme celui des Glières où, en février 1944, ils s'affrontent aux miliciens. Plus généralement, à cause de l'engagement de Vichy dans une politique de collaboration, la Seconde Guerre mondiale a bel et bien revêtu en France les aspects d'une guerre civile.

C'est aussi pourquoi, à la Libération, menée conjointement par les troupes alliées et la Résistance intérieure, la France est profondément divisée. Dès après le débarquement en Normandie des troupes américaines, canadiennes et britanniques le 6 juin 1944, suivies en août par une unité française, la deuxième division blindée du général Leclerc, et la Libération de Paris en août par les FFI et les FFL, la volonté de De Gaulle est de réunifier le pays. Ses deux préoccupations politiques majeures consistent d'une part à lutter pour faire reconnaître la France et l'imposer comme vainqueur, d'autre part à faire triompher l'autorité de l'État. Il marque cette sortie de guerre de gestes symboliques : ainsi se refuse-t-il à proclamer la République. À ses yeux, elle n'a jamais cessé d'exister, Vichy n'est qu'une parenthèse.

De fait, de Gaulle se trouve à la tête du Gouvernement provisoire de la République française (GPRF) depuis le 2 juin 1944. Celui-ci est remanié et est censé représenter l'unité nationale, de la droite aux communistes qui ont un ministre, Charles Tillon, à l'armement. Le rétablissement de l'autorité républicaine passe aussi par un retour à l'ordre ; les nouveaux dirigeants veulent faire cesser les menaces révolutionnaires, d'autant plus réalistes que nombre de Français sont armés et que les attentes sont à un profond changement. Les Milices patriotiques ouvrières et paysannes, forces populaires issues de la Résistance, sont donc dissoutes, avec l'accord du Parti communiste qui les contrôle ; pour Maurice Thorez, qui revient d'URSS où il s'était réfugié après avoir déserté en 1939, elles ne sont plus que des « groupes armés irréguliers » qui doivent disparaître ; il s'agit de rétablir, selon les mots de Thorez, « une seule police, une seule armée », celles de l'État. La guerre n'est pas achevée pour autant ; elle se poursuit avec de durs combats, entre Ardennes, Vosges et Alsace et dans quelques poches de la façade atlantique où des garnisons allemandes sont encore retranchées, jusqu'au 8 mai 1945, date de la capitulation allemande.

Il reste aussi à juger les responsables de l'État vichyste. Lors de son procès devant la Haute Cour, Pétain cherche à faire accréditer la thèse selon laquelle il a mené double jeu et représenté le bouclier là où de Gaulle était l'épée. Il est condamné à mort le 15 août 1945, mais cette sentence est commuée par de Gaulle en peine de prison à perpétuité ; il est également déchu de sa distinction de maréchal. Il mourra en juillet 1951 en prison, à l'île d'Yeu. Pierre Laval, quant à lui, est exécuté.

Plus largement, l'épuration – répression et punition de tous ceux qui, à des titres divers, ont collaboré avec l'occupant – est à la fois judiciaire, administrative et économique, touchant des fonctionnaires, des chefs d'entreprise, des magistrats... Elle est aussi quotidienne et parfois sommaire, à l'échelle locale ; s'apparentant souvent à des règlements de comptes, elle s'exerce contre les miliciens, les délateurs et les trafiquants, les « collabos » en général, contre les travailleurs volontaires revenus d'Allemagne, mais aussi contre les femmes « compromises » avec des soldats allemands, que l'on tond en public sous les quolibets de la foule. 100 000 personnes se voient privées de droits civiques et politiques. 10 000 environ sont exécutées, soit après le verdict de cours de justice, soit par l'épuration dite « sauvage » (lynchages par la foule, tribunaux improvisés par des résistants). Certains déséquilibres se font jour. Ainsi l'épuration touche-t-elle davantage ceux qui ont diffusé l'idéologie collaboratrice, comme les journalistes et les intellectuels, que les chefs et cadres d'entreprise ayant directement collaboré avec l'occupant : ces derniers apparaissent trop nécessaires à la relance de l'économie. Dès 1951 intervient une première loi d'amnistie et, en 1953, tous les prisonniers de l'épuration, à quelques exceptions près, sont libérés.

Mais à l'époque, la politique de persécution raciale de Vichy et sa responsabilité dans le génocide de la population juive sont occultées. Cela s'explique par différentes raisons : on ne distingue pas encore les victimes (déportés du travail, déportés raciaux, déportés politiques) ; la différenciation n'est pas établie entre camps de concentration et camps d'extermination ; enfin, beaucoup de personnes d'origine juive ne souhaitent pas être distinguées comme telles, leur volonté est de réintégrer la communauté nationale. Ce n'est que vingt à trente ans plus tard qu'une mémoire juive spécifique commencera à voir le jour.

« Article 5 : Le lock-out et la grève sont et demeurent interdits. (…)

Article 15 : La collaboration entre les employeurs et les salariés est obligatoirement organisée dans les établissements dont l'effectif est au moins égal à cent ouvriers ou employés, au sein des "comités sociaux d'établissement" qui rassemblent le chef d'entreprise et des représentants de toutes les catégories de personnel. »

Extraits de la Charte du Travail, octobre 1941.

« Vive le 1er mai d'union patriotique et revendicative ! Union dans tous les syndicats, les comités d'union, les comités du 1er mai ; action par la manifestation, la grève, le sabotage, la lutte armée. L'heure est venue de mettre fin aux souffrances infinies que l'envahisseur exécré et la poignée de traîtres à sa solde vous imposent. L'heure est venue de reconquérir, avec les libertés syndicales, toutes les libertés humaines. Union totale ! Audace ! Action ! Debout les cheminots, les métallos et les gars du bâtiment ! Travailleurs de toutes les entreprises des villes et des campagnes, debout ! [...] Vive le 1er mai d'union et d'action pour le rétablissement des libertés syndicales, contre l'application de la Charte du Travail ! Vive le 1er mai d'union et d'action pour la libération, l'indépendance et la grandeur de la France ! »

Appel de la CGT clandestine, 1er mai 1943.

« J'ai toujours considéré que la France devait chercher et trouver la base de rapports permanents de bon voisinage avec l'Allemagne. J'ai dit le 22 juin 1942 : "Je souhaite la victoire de l'Allemagne, parce que sans elle le bolchevisme s'installerait partout en Europe." On supprime généralement la deuxième partie de la phrase. Cela m'est égal. Je reste convaincu que les États-Unis et la Grande-Bretagne sont incapables d'empêcher le triomphe du communisme. Je ne pense qu'à la France. »

Pierre Laval, Intervention lors du dernier Conseil des ministres à Vichy, 12 juillet 1944.

Chapitre V
Une République fragile dans une société modernisée

Une République nouvelle naît de la Libération. Mais à peine sortie du conflit mondial, deux ans tout juste après son achèvement, la France se retrouve plongée dans une autre forme de conflit, opposant politiquement et idéologiquement deux « blocs », ceux de l'Ouest et de l'Est, dominés par les deux grandes puissances que sont les États-Unis et l'Union soviétique. La « guerre froide » a, dans la vie politique française, de fortes retombées. La IVe République souffre aussi d'instabilité ministérielle, de crises récurrentes et des affres de la décolonisation. Cette période est marquée par le contraste entre les difficultés politiques caractéristiques de cette République et une société française qui se transforme à vive allure.

Dès lors, y a-t-il impuissance du régime face à ces bouleversements et le cas échéant, comment l'expliquer ? Le personnel politique est-il en cause ? Ou bien sont-ce les institutions elles-mêmes qui engendrent une telle situation, voyant se succéder vingt cabinets ministériels en douze années ? Afin de répondre à ces questions, il y a lieu de relier la IVe République à son amont : Vichy. Pour certains hommes et courants politiques, il s'agit de rompre avec un régime autoritaire fondé sur le pouvoir personnel de Pétain, qui a bâillonné la démocratie et son émanation, le Parlement. Dès lors, il faut à leurs yeux en revenir au socle républicain et à sa traduction institutionnelle : le régime parlementaire, au sein duquel le pouvoir exécutif ne saurait être trop fort.

Pourquoi la IVe République est-elle, aujourd'hui comme hier, si décriée – Maurice Agulhon parle à son propos d'une « République mal aimée » ? Le spectaculaire redressement économique de la France et l'amélioration globale des conditions de vie ne lui sont certes pas entièrement imputables. Cependant, l'intervention accrue de l'État, assurant une protection sociale très étendue et une modernisation des structures économiques, encourageant la recherche scientifique et l'innovation, peut être portée à son actif. Mais un régime pouvait-il survivre à la violence simultanée de deux types de guerre, guerre froide et guerres de décolonisation, dont le conflit algérien illustre l'intensité ?

I. Un nouvel après-guerre

1. Se relever du conflit

Une fois de plus, la France compte ses morts : la guerre a fait 170 000 victimes parmi les combattants et 150 000 parmi les civils, auxquels s'ajoutent les morts retenus par l'ennemi (déportés, prisonniers, enrôlés du STO, Alsaciens-Lorrains incorporés dans la Wehrmacht) au nombre de 280 000. Elle mesure aussi les ravages matériels du conflit. 1 200 000 immeubles sont détruits ou endommagés, un million de familles se retrouvent sans logis. Les transports se trouvent dans une situation critique : des dizaines de gares et des centaines de ponts ont été détruits ; c'est là un frein majeur à la reprise des activités. Au total, les dommages de guerre sont évalués à un quart au moins de la fortune nationale (contre un dixième en 1918). Le marché noir se poursuit bien après la Libération : la hantise de la pénurie ne s'efface pas, d'autant que le rationnement est maintenu jusqu'en 1949. Dans les villes, on connaît toujours la faim, à un point tel qu'en certains endroits, des boulangeries sont pillées. L'inflation devient chronique, et les salaires ne parviennent pas à rattraper la course des prix.

Dans ces conditions, il s'agit de reconstruire au plus vite, et de faire repartir l'économie française. C'est chose faite assez rapidement. Le niveau de la production de 1938 est retrouvé dès 1948, et celui de 1929 en 1949. Certaines industries sont particulièrement dynamiques : la chimie, le caoutchouc, l'automobile, tandis que d'autres connaissent une tendance à la stagnation, tel le textile. Les structures de la production se modifient également, car l'État devient propriétaire de pans entiers de l'économie. Dès l'automne 1944, de grandes entreprises, dont les dirigeants avaient collaboré, sont nationalisées : c'est le cas de Renault et des Charbonnages du Nord. On assiste entre décembre 1945 et mai 1946 à une deuxième vague de nationalisations, concernant différents secteurs : houillères, gaz et électricité, crédit et assurances. L'État prend également des participations dans les entreprises aéronautiques, qui forment la Société nationale d'étude et de construction du matériel aéronautique (SNECMA) et Air France, toutes deux sociétés d'économie mixte, avec fonds publics et capitaux privés.

L'État devient ainsi État-patron. Il se fait aussi « État-Providence », avec l'augmentation généralisée des prestations sociales. Toute une législation sociale, protégeant du chômage, de la vieillesse et de la maladie, est mise en place : la loi de mai 1946 permet en effet à la Sécurité sociale de voir le jour. De telles avancées correspondent bien à la situation : l'État accorde aux salariés certaines réformes tant attendues après les espoirs de profonds changements que la Libération a engendrés chez beaucoup.

L'État, enfin, se transforme en planificateur. En 1946 est institué un Commissariat général au Plan que dirige Jean Monnet. La planification, indicative et non coercitive, vise avant tout un développement économique efficace. Le premier « plan de modernisation et d'équipement » est adopté en janvier 1947 et concerne les transports, le matériel agricole, l'énergie, l'acier et le ciment. Ses objectifs sont remplis, favorisés en cela par l'assistance financière américaine dans le cadre du Plan Marshall, à partir de 1947.

2. Changements et continuités dans la vie politique française

Une fois la paix revenue, les forces politiques traditionnelles reprennent leurs droits. Les partis de droite comme la Fédération républicaine se font discrets mais subsistent. Seul le Parti radical sort particulièrement affaibli du conflit, car trop assimilé à la IIIe République déchue. La SFIO, quant à elle, se reconstitue rapidement, après avoir chassé de ses rangs les parlementaires qui avaient voté les pleins pouvoirs à Pétain le 10 juillet 1940. Il n'existe pas de grand parti issu de la Résistance : le CNR contenait des germes de division qui se retrouvent amplifiés dans l'immédiat après-guerre. Certes, de nouveaux partis voient le jour, comme l'Union démocratique et socialiste de la Résistance (UDSR), de tendance centriste ; mais c'est un parti de personnalités (avec des hommes tels que René Pleven, Eugène Claudius-Petit ou François Mitterrand) aux effectifs limités.

À l'issue de la guerre, le PCF n'a, pour sa part, jamais été aussi puissant : c'est un acmé, en termes d'adhésions surtout et de prestige. Il se présente en effet et est reconnu comme le grand parti de la Résistance, le « parti des fusillés », en raison du nombre élevé de ses militants martyrs. Dans cette période faste pour le PCF de 1945-1947, il rassemble 800 000 adhérents effectifs. Sûr de son influence, Maurice Thorez pousse les travailleurs à se lancer dans la « bataille de la production » ; il assure que celle-ci constitue « la forme la plus élevée de la lutte des classes ». « Produire d'abord, revendiquer ensuite » : voilà le mot d'ordre mis en avant par le parti. Thorez devient ministre d'État en novembre 1945. C'est dire que la direction du PCF n'entend pas s'engager dans une perspective révolutionnaire en rupture avec le régime politique et le système économique. Tout au contraire, il contribue à les reconstruire.

Un nouveau parti acquiert très vite de l'importance au lendemain de la guerre : le Mouvement républicain populaire (MRP), qui s'inscrit dans le courant de la démocratie chrétienne. L'un de ses dirigeants est Georges Bidault, qui a présidé le CNR. Bien que le MRP ne souhaite pas s'afficher comme un parti de droite – il défend un réformisme social qui veut rester « raisonnable », s'opposant tout à la fois à l'individualisme et au collectivisme –, il sert de fait de parti-refuge à l'électorat de droite, à l'heure précisément où la droite classique, après Vichy, est discréditée. Le parti est donc tiraillé entre deux tendances, prêt à s'allier avec les communistes et les socialistes d'un côté, mais tenté aussi, de l'autre, par une politique plus conservatrice afin de préserver son électorat.

3. Une République nouvelle

En octobre 1945 est élue une Assemblée constituante qui, comme son nom l'indique, doit donner à la France une nouvelle Constitution : tous les citoyens ont voté, hommes et femmes, auxquelles le droit de vote a été octroyé en avril 1944. Le général de Gaulle souhaiterait limiter les pouvoirs de l'Assemblée au profit d'un exécutif fort. Il y a là une divergence profonde entre de Gaulle et les principaux partis politiques en présence, favorables pour leur part à un régime parlementaire et redoutant toute forme de pouvoir personnel. Or, ces partis sont largement majoritaires dans le pays, se partageant quasi équitablement les suffrages : 26,2 % pour le Parti communiste, 23,9 % pour le MRP, 23,4 % pour la SFIO. Face à ce désaccord, couplé à un conflit au sujet du budget militaire que les socialistes se proposent de réduire, de Gaulle démissionne du gouvernement le 20 janvier 1946.

Après avoir rejeté par référendum en mai 1946 un premier projet défendu par les communistes et ne comportant qu'une seule Assemblée, donc sans Chambre haute, les Français adoptent, en octobre, la Constitution de la IVe République : ce n'est que de justesse, puisque le « oui » l'emporte avec 36 % des voix, contre 31 % pour le « non » et 32 % d'abstentions. C'est donc dans une certaine fragilité que naît cette nouvelle République. Celle-ci est fondée sur le bicamérisme, l'Assemblée nationale (élue au suffrage universel direct pour cinq ans) et le Conseil de la République (élu au suffrage universel indirect, composé de 315 membres dont 115 sont élus par les députés de l'Assemblée nationale et les 200 restants par les autres « grands électeurs », maires et conseillers généraux). Le président de la République, élu pour sept ans par le Congrès (la réunion des deux Chambres), désigne le président du Conseil, choisi au sein de la majorité parlementaire : c'est ce dernier qui est le véritable chef de l'exécutif.

Mais il doit avant tout solliciter l'investiture de l'Assemblée nationale, et obtenir d'elle la majorité absolue des suffrages.

La IVe République est donc un régime parlementaire, octroyant les pouvoirs les plus importants à l'Assemblée nationale. La Constitution de 1946 interdit les décrets-lois, émanant du pouvoir exécutif ; elle rompt ainsi avec la pratique amorcée pendant la Première Guerre mondiale et reprise ponctuellement dans les années 1930. L'Assemblée nationale peut renverser le gouvernement (en revanche, le Conseil de la République ne le peut pas, contrairement au Sénat sous la IIIe République). Enfin, le pouvoir exécutif ne peut dissoudre l'Assemblée nationale durant les dix-huit premiers mois de la législature.

Mais le régime est instable. Sous la IVe République, les gouvernements « durent » six mois en moyenne, moins que sous la IIIe (huit mois). Seul le gouvernement Guy Mollet reste au pouvoir plus d'une année, de février 1956 à mai 1957. Est-ce le fait du retour à un mode de scrutin particulier, la représentation proportionnelle ? Rappelons que celle-ci permet de mieux représenter toutes les familles politiques en présence. En fait, dans les premières années de la IVe République, entre 1945 et 1947, ce mode de scrutin ne provoque guère de crise politique majeure, dans la mesure où les trois quarts des suffrages vont vers trois partis : le PCF, la SFIO et le MRP, qui gouvernent ensemble. C'est plus tard que la situation se détériore avec l'exclusion, le 5 mai 1947, des ministres communistes du gouvernement et donc l'éclatement de cette alliance que l'on appelle « le tripartisme ». Des cabinets ministériels allant des socialistes à la droite modérée lui succèdent, jusqu'en 1952 ; ces gouvernements sont dits de « Troisième Force », car deux grandes forces politiques, gaullistes et communistes, sont dans l'opposition. Il s'agit là de coalitions centristes qui, par leur nature même, sont fragiles et engendrent l'instabilité des majorités et donc des gouvernements.

II. La IVe République à l'épreuve

1. Premières fractures

Comment expliquer la rupture brutale, deux ans seulement après sa naissance, du tripartisme, cette alliance du PCF, de la SFIO et du MRP ? Les raisons tiennent autant à des tensions internationales que nationales. Entre les alliés d'hier, la Grande-Bretagne mais surtout les États-Unis et l'URSS de Staline, qui s'étaient retrouvés aux conférences de Yalta et de Potsdam en février et août 1945 pour définir leurs zones d'influence réciproques, la discorde s'aiguise. Beaucoup croient en l'imminence d'une nouvelle guerre mondiale. Le président américain Harry Truman s'engage à aider ce qu'il considère comme « le monde libre », par opposition à l'autre, sous influence soviétique. En septembre 1947, Andrej Jdanov, l'un des responsables du Parti communiste soviétique, développe la thèse des deux blocs : un camp impérialiste et antidémocratique, selon lui, représenté par les États-Unis, contre un camp de la paix et de la démocratie mené par l'URSS.

Sur le plan intérieur, c'est l'agitation sociale qui se mue en conflit politique. Une grève déclenchée et dirigée par des militants trotskistes éclate chez Renault en avril 1947 pour protester contre le blocage des salaires. Le PC et la CGT décident au bout de quelque temps de s'y rallier pour la contrôler. Dans ce contexte, le 4 mai 1947, les députés communistes ne votent pas la confiance au président du Conseil Ramadier ; le lendemain, les ministres communistes sont exclus du gouvernement. D'autres grèves éclatent spontanément dans différents secteurs : la métallurgie, les grands magasins, les banques et les services publics. Les revendications concernent l'augmentation des bas salaires et la parité salariale entre secteur public et secteur privé : le gouvernement cède alors, en augmentant les salaires du secteur public de 11 % ; il conseille d'ailleurs au patronat de suivre son exemple.

Mais le mouvement de grève repart de plus belle en novembre, et prend une tournure plus politique. La grève commence cette fois à

Marseille, où la municipalité dirigée par le Rassemblement du peuple français (RPF), gaulliste, vient de décider une augmentation des tarifs du tramway. Le 10 novembre, la CGT lance le mot d'ordre de grève générale ; celle-ci est très suivie et tourne à l'émeute : un jeune sympathisant communiste est tué, le maire de Marseille est blessé. On assiste à des actes de sabotage et à des batailles rangées. Les mines, la métallurgie, le textile, le bâtiment, les transports, l'alimentation, les services publics, entrent dans la grève. L'agitation sociale est d'une telle intensité que *L'Année politique,* revue qui recense tous les événements politiques de l'année écoulée, évoque une « situation révolutionnaire ». Pour autant, il n'est pas question pour la direction du PCF d'insurrection et de tentative de prise du pouvoir. La répression est sévère : Jules Moch, le ministre de l'Intérieur, socialiste, fait voter des mesures dites de « défense républicaine » pour garantir « la liberté du travail », rappelle les réservistes pour faire face aux grévistes, et envoie contre eux les gendarmes mobiles et les CRS (Compagnies républicaines de sécurité qu'il a lui-même créées), épurées de tous leurs membres communistes ou sympathisants. Face à la montée des violences de part et d'autre, la CGT appelle à la reprise du travail le 10 décembre. La grève a échoué, et 2 000 mineurs sont licenciés.

Ces grèves s'expliquent tant par des raisons sociales que par des motifs politiques. Ce sont des mouvements d'autant plus durs que les conditions de vie sont très précaires. Politiquement, les espérances nées de la Libération ont été déçues ; tous ceux qui avaient souhaité un changement profond connaissent la désillusion. Le journal résistant *Combat* avait annoncé en août 1944 : « De la Résistance à la Révolution » ; il ne s'est rien produit de tel.

Le mouvement ouvrier se divise à nouveau, dans de telles circonstances. Autour de Léon Jouhaux et de l'hebdomadaire *Force ouvrière* se rassemblent ceux qui s'opposent à l'hégémonie du Parti communiste dans la CGT. Cette tendance aboutit à la scission en décembre 1947 et à la création de la Confédération générale du travail Force ouvrière (CGT-FO), dont les effectifs sont plus nombreux parmi les fonctionnaires que dans l'industrie privée. La Fédération de l'Éducation nationale (FEN) choisit quant à elle l'autonomie pour préserver son unité.

Tandis que la France prend place de plus en plus dans le bloc atlantique – elle adhère à l'Organisation du Traité de l'Atlantique Nord (l'OTAN) en 1949 –, le Parti communiste, grand défenseur de l'autre bloc, est inféodé à la ligne la plus dure de Moscou. Au cœur de la guerre froide, le parti combat violemment l'influence américaine et développe un discours très patriotique. En mai 1952, en pleine guerre de Corée où un corps expéditionnaire de l'ONU, parmi lequel beaucoup de soldats américains, combat aux côtés des troupes sud-coréennes contre les communistes nord-coréens soutenus par les Soviétiques et les Chinois, le PCF organise des manifestations pour protester contre la venue du général américain Ridgway, ancien commandant suprême des forces de l'ONU en Corée. Une nouvelle fois, les affrontements avec la police causent la mort d'un manifestant et font des dizaines de blessés ; l'un des dirigeants communistes, Jacques Duclos, est arrêté pour « atteinte à la sûreté de l'État ». Le PCF est d'autant plus isolé qu'il continue de soutenir fermement la politique menée par Moscou, y compris la répression sanglante de l'insurrection populaire à Budapest, en octobre 1956 : il se félicite même de cette intervention des chars soviétiques en Hongrie ; dans *L'Humanité,* il est question du « sourire de Budapest »... Des intellectuels et artistes communistes ou sympathisants, parmi lesquels Jean-Paul Sartre, Simone de Beauvoir, Pablo Picasso, signent une pétition protestant contre cette intervention et expriment leur désarroi. Mondialement connu, Jean-Paul Sartre est, depuis la Libération, l'incarnation de l'intellectuel engagé ; il a épousé depuis quelques années la cause du communisme, bien qu'il soit critique à l'égard de la direction du PCF ; il rompt avec le parti en 1956. Au cours des deux années qui suivent, le Parti communiste perd un quart de ses adhérents. Mais il demeure le premier parti de France, recueillant tout au long de la IVe République environ 25 % des suffrages.

2. Les droites reprennent vigueur

À cette époque, l'échiquier politique français est donc flanqué, en ses extrémités, de deux forces de poids : communistes d'un côté, gaullistes de l'autre. En effet, fin 1946, de Gaulle fonde le Rassemblement du peuple français (RPF), qui attire très vite plusieurs centaines de milliers d'adhérents et qui rafle 35 % des suffrages aux élections municipales de 1947 – c'est ainsi qu'il conquiert les plus grandes villes, Paris, Marseille, Bordeaux, Lille et Strasbourg. Les pires ennemis de De Gaulle sont sans doute les communistes, qu'il appelle « les séparatistes » en raison de leur allégeance à Moscou. Il conçoit aussi un souverain mépris pour les partis, ces instances intermédiaires entre le peuple et le pouvoir, c'est pourquoi d'ailleurs le RPF se veut un rassemblement, plus qu'un parti. Ce n'en est pas moins un, qui est même autoritaire et très fortement centralisé, et dont les principaux cadres sont nommés directement par le président, de Gaulle lui-même. Après le raz-de-marée de 1947, le RPF entame toutefois un long déclin, puisque ni les radicaux, ni les modérés, ni les démocrates-chrétiens ne s'y rallient.

Quant au MRP, ses positions sur la question scolaire (avec le soutien aux lois Marie et Barangé en 1951, finançant les écoles privées avec des fonds publics, *voir ci-dessous*) et sur la question coloniale (c'est un grand défenseur de l'intégrité de l'Empire) le déportent sur la droite. En quelques années, il perd à la fois l'essentiel de sa capacité militante (entre 1946 et 1958, la moitié des adhérents le quitte) et sa puissance électorale (recueillant plus de 25 % des voix en 1946, il n'en rassemble que 10 à 11 % en 1956-1958).

Dès 1949, c'est la droite traditionnelle et libérale qui se renforce et se regroupe pour constituer le Centre national des indépendants (CNI). Celui-ci devient rapidement l'un des principaux partis de la IVe République ; il remporte les élections législatives de 1951, date à laquelle il prend le nom de Centre national des indépendants et paysans : sa composante paysanne est de fait importante. Antoine Pinay en est l'une des figures essentielles. Président du Conseil en 1952, il lance, pour lutter contre l'inflation et le déficit monétaire, un emprunt national au lieu d'augmenter les impôts, choisissant donc la persuasion plutôt que la contrainte. Une telle politique lui confère, comme Poincaré en 1927, une grande popularité, notamment parmi les classes moyennes ; on parle ainsi de « Pinay la Confiance ».

Enfin, dans sa variante populiste, la droite prend sous la IVe République un autre visage, celui du « poujadisme ». Il s'agit à l'origine d'une fronde contre les contrôles fiscaux. L'Union de défense du commerce et de l'artisanat (UDCA) fondée par Pierre Poujade en 1953 rassemble essentiellement des travailleurs indépendants, petits commerçants, artisans, mais aussi paysans et viticulteurs. En effet, la croissance économique qui s'amorce ne leur profite pas. Se sentant lésés, ils entendent lutter, certes, contre la lourdeur des impôts, mais aussi pour la défense de la « vraie France », incarnée selon eux par le peuple qu'ils représentent. Le mouvement est par conséquent fortement enraciné en province (Poujade est un papetier installé à Saint-Céré dans le Lot). Le « poujadisme » constitue aussi une résurgence de l'antiparlementarisme : l'un de ses slogans est « Sortez les sortants » ; il s'oppose ainsi aux politiciens et aux « technocrates » parisiens. Or, l'UDCA va jusqu'à rassembler 200 000 adhérents. Aux élections législatives de janvier 1956, le mouvement remporte 2,5 millions de voix et compte 52 députés. Jean-Marie Le Pen en est alors l'un des principaux porte-parole et devient, à vingt-huit ans, le plus jeune député de France. Une partie de l'extrême droite se reconnaît dans ce mouvement qui parle une langue nationaliste et xénophobe, pour la défense de l'Empire français et contre les « trusts apatrides ».

3. La guerre au loin : la France en conflits coloniaux

Le poujadisme trouve l'une de ses raisons d'être dans la protestation contre un régime qui fait perdre à la France, une à une, ses colonies. Ce n'est pourtant pas faute d'avoir tenté de les préserver. Mais la IVe République est très vite confrontée à des révoltes, réprimées dans le sang : le 8 mai 1945, des milliers de manifestants nationalistes meurent, abattus par l'armée française à Sétif et Guelma en

Algérie ; en mars 1947, plusieurs milliers de Malgaches insurgés – entre 11 000 et 80 000 selon les estimations –, qui espéraient l'indépendance, perdent la vie, pour la plupart massacrés par les soldats français.

Le régime s'affronte aussi à de violentes guerres de décolonisation, dont la première a lieu en Indochine. En septembre 1945, la Ligue révolutionnaire pour l'indépendance du Vietnam (le Viêt Minh), dont la principale composante est le Parti communiste indochinois mené par Hô Chi Minh, prend le pouvoir et proclame la République démocratique du Vietnam. Tout d'abord, Hô Chi Minh et le gouvernement français s'accordent pour administrer conjointement le pays. Mais les militaires, représentés par l'amiral Thierry d'Argenlieu, haut commissaire en Indochine, la droite et les gaullistes, ne l'entendent pas ainsi : le 23 novembre 1946, la flotte française bombarde le port d'Haiphong, causant la mort de plusieurs milliers de personnes. La révolte anti-française se manifeste alors à Hanoi où, le 19 décembre, des militaires et des civils français sont tués par des Indochinois en rébellion. La guerre d'Indochine commence.

Le gouvernement français pense d'abord qu'il ne s'agira pour lui que d'une expédition coloniale, comme jadis, mais le Viêt Minh mène une guérilla révolutionnaire, et le conflit s'installe dans la durée. Georges Bidault, président du Conseil à partir de juin 1946, est fortement attaché au maintien de l'intégralité de l'Empire et se montre un colonialiste convaincu. Cette guerre intervient au moment où le monde entre en guerre froide : il s'agit donc aussi, pour les défenseurs de l'Indochine française, de préserver cette terre d'Empire du joug soviétique ; cela est encore plus vrai à partir de la victoire de la révolution chinoise en 1949. De l'autre côté, le PCF tient un rôle ambigu. Certes, des militants communistes accomplissent des actions spectaculaires, comme de se coucher sur les voies ferrées pour empêcher les convois d'armes en partance pour l'Indochine de ravitailler l'armée française. Henri Martin, jeune marin de 24 ans issu de la Résistance, diffuse un tract proclamant : « Marins de Toulon, nous ne nous sommes pas engagés pour aller mourir en Indochine pour le plus grand profit des banquiers français ». Sa condamnation à cinq ans de réclusion suscite une mobilisation du parti entier pour obtenir sa libération. Mais le PCF, dont les ministres ont été exclus du gouvernement, tente également d'y reprendre place, et se montre dès lors peu actif pour condamner l'action française en Indochine.

Quant à l'opinion, elle ne voit ce conflit que de loin ; il ne concerne que des militaires de profession, des soldats engagés volontaires. Elle est cependant ébranlée par la corruption accompagnant cette guerre, avec le trafic des piastres (la monnaie indochinoise). La défaite de l'armée française à Diên Biên Phu le 7 mai 1954 (où 3 000 soldats périssent, 4 500 sont blessés et 9 500 faits prisonniers) est un véritable traumatisme, tant elle apparaît comme une humiliation après celle de 1940. Pour la plupart des Français cependant, c'est aussi le soulagement devant la fin du conflit.

Mais c'est pour voir aussitôt la France replonger dans une autre guerre coloniale, celle-là bien plus proche et plus sensible, car elle concerne l'Algérie, seule colonie française de peuplement (avec en 1954 un million de Français d'Algérie sur une population totale de 9 millions d'habitants) et qui constitue officiellement trois départements français. Le 1er novembre 1954, 70 attentats sont perpétrés par des militants indépendantistes sur le territoire algérien ; on parle de « Toussaint rouge ». Le Front de libération nationale (FLN) déclare alors vouloir négocier avec l'État français l'instauration d'un État algérien souverain, mais les pouvoirs publics lui opposent une fin de non recevoir. En métropole, on ne voit dans tout cela que l'insurrection de « rebelles », auxquels la Kabylie et les Aurès sont habitués. Le conflit commence véritablement aux yeux de la population française le 20 août 1955 : des milliers de paysans algériens se révoltent et prennent d'assaut les villes du Nord-Constantinois, causant la mort de 123 personnes, dont 71 dans la population européenne ; la répression de cette insurrection fait environ 12 000 morts algériens. Le gouvernement rappelle alors 60 000 réservistes. Les « rappelés », ces jeunes hommes du contingent qui ont déjà effectué leur service militaire et qui doivent partir à nouveau, se mobilisent contre leur départ, avec l'appui de leurs familles et de militants syndicalistes et communistes, mais leurs manifestations ne sont pas suffisamment relayées à l'échelle nationale, et c'est bientôt l'acceptation et la résignation qui prennent le pas.

4. Le moment Mendès France

Le premier président du Conseil à être directement confronté à ce conflit en germe est Pierre Mendès France. Son gouvernement n'a duré que 7 mois et 17 jours, du 18 juin 1954 au 6 février 1955. D'où vient alors qu'il ait à ce point marqué les contemporains ? Peut-être en raison d'un style fait de détermination et d'un esprit de modernisation. Né en 1907 dans une famille de commerçants en tissus, après de brillantes études de droit et un engagement précoce au sein de la Ligue d'action universitaire républicaine et socialiste (LAURS), Pierre Mendès France devient dans les années 1930 avocat, membre des « Jeunes Turcs » au sein du Parti radical, plus jeune député de France en 1932 et sous-secrétaire d'État au Budget en mars 1938. Arrêté en 1940, fait prisonnier, il s'évade, rejoint la France Libre au sein de laquelle il participe comme aviateur à des missions de bombardements sur l'Allemagne avant d'être appelé à Alger par le général de Gaulle. Au moment de son accession au pouvoir comme président du Conseil, il a donc un passé prestigieux.

D'emblée, Pierre Mendès France refuse les voix des parlementaires communistes lors de son investiture, car le Parti communiste « désavoue », à ses yeux, les soldats français en Indochine et est allé « jusqu'à refuser de rendre l'hommage qui était dû à ceux qui sont pieusement morts au nom de la patrie ». Dans son cabinet sont présents de hauts fonctionnaires et des techniciens réputés pour leur compétence. La modernisation qu'il entend incarner passe entre autres par un encouragement à la recherche scientifique et par la promotion de l'énergie nucléaire. Mendès France veut aussi renforcer le pouvoir de l'exécutif, car l'Assemblée nationale paralyse à ses yeux l'action gouvernementale.

Les avancées les plus nettes de son gouvernement sont réalisées sur le plan diplomatique. Mendès France participe à la signature des accords de Genève qui, en juillet 1954, scellent l'indépendance de l'Indochine et la fin du conflit. Quelques jours plus tard, à Carthage, il promet l'autonomie interne de la Tunisie, qui sera effective en avril 1955, l'indépendance étant proclamée en mars 1956. Mendès France apparaît aussi à certains nationalistes farouches, du côté des poujadistes en particulier, comme un « bradeur d'Empire » : non seulement il a négocié les accords de Genève qui consacrent la « perte » de l'Indochine, mais encore il « abandonne » les cinq comptoirs français des Indes.

Le régime est en outre, à cette époque, fortement secoué par les débats passionnés qui s'engagent autour de la Communauté européenne de défense (CED), un projet d'armée européenne, qui suppose de réarmer l'Allemagne. Il s'inscrit dans un plus vaste processus de construction européenne, amorcé avec la constitution d'une Communauté européenne du charbon et de l'acier (CECA). Les partisans de la CED, parmi lesquels surtout le MRP, y sont favorables parce qu'ils souhaitent la construction européenne, parce qu'ils appréhendent aussi la puissance de l'Union soviétique et pensent pouvoir s'y opposer de la sorte. Contre la CED, le PCF comme le RPF sont unanimement mobilisés : les gaullistes redoutent l'atteinte à la souveraineté nationale, les communistes rejettent l'idée d'un réarmement allemand, craignant pour la sécurité de l'URSS. La SFIO et les radicaux sont quant à eux divisés, tout comme l'opinion publique. Selon un sondage réalisé à l'été 1954, 38 % des personnes interrogées estiment qu'il existe un danger allemand ; dans ces enquêtes d'opinion, le rejet du réarmement allemand est majoritaire. Si Mendès France adhère au projet, il ne le défend pas fermement à l'Assemblée nationale et ne demande pas aux députés la confiance du gouvernement à ce sujet. Au moment du vote le 30 août 1954, le texte est rejeté par 319 voix contre 264. Les partisans de la CED accusent Mendès France du « crime du 30 août ». Mais en décembre, les accords de Paris permettent néanmoins le réarmement allemand.

L'image de Pierre Mendès France est donc controversée. Peu d'hommes politiques ont eu à subir autant de détestation (au XXe siècle, seul Léon Blum peut lui être comparé à cet égard). Ses origines juives lui valent des attaques antisémites d'une grande violence de la part de l'extrême droite populiste, qui l'affuble des sobriquets de « Mendès Jérusalem » ou de « Mendès Anti-France » ; même le dirigeant communiste Jacques Duclos emboîte le pas à cet antisémitisme en traitant Mendès France de « petit juif peureux ». Toutefois « PMF » conquiert aussi une popularité qui a été longtemps préservée dans la mémoire de ses contemporains. Il donne l'image d'un homme proche de ses concitoyens, auxquels il s'adresse, sur un ton simple et pédagogique, avec régularité grâce à la radio : ce sont les « causeries », inspirées des « entretiens au coin du feu » de Roosevelt. Une telle pratique suscite cependant l'indignation dans la classe politique française car elle donne l'impression que le chef du gouvernement passe au-dessus du Parlement pour s'adresser directement aux Français, dans une sorte de pratique personnelle du pouvoir si redoutée en République.

Quelques intellectuels catholiques, comme François Mauriac, et de jeunes chrétiens de gauche, engagés notamment dans la Jeunesse étudiante chrétienne (JEC), soutiennent son action : ce n'est pas le moindre paradoxe pour un homme dont la culture politique, le radicalisme, s'est toujours ancrée dans l'anticléricalisme. Eux pensent désormais que foi chrétienne et laïcité sont compatibles, et que là n'est plus la question. Ces jeunes sont surtout déçus par la politique menée par le MRP, trop droitière à leurs yeux. Mendès France trouve aussi un fort appui et une tribune dans l'hebdomadaire *L'Express* créé en 1953 par Françoise Giroud et Jean-Jacques Servan-Schreiber, dont le lectorat se compose principalement de cadres, de professions intellectuelles et d'étudiants.

5. Le gouvernement Guy Mollet : dans la bourrasque algérienne

Si Pierre Mendès France laisse une image qui est aujourd'hui généralement respectée, il n'en va pas de même de son successeur, presque aussi unanimement décrié, y compris au sein de ce qui fut sa formation politique, le Parti socialiste.

Guy Mollet, né en 1905, issu d'une famille modeste (sa mère était concierge), boursier de la République, fut d'abord professeur d'anglais. Après un engagement dans la Résistance, il devient maire d'Arras en 1945 et sénateur du Nord-Pas-de-Calais. Sa fonction de secrétaire général de la SFIO lui confère dans les années 1950 un rôle non négligeable puisqu'à ce titre, il accepte ou refuse la participation socialiste aux gouvernements (c'est ainsi qu'entre 1951 et 1956, il tient les socialistes à l'écart des cabinets ministériels). Lorsque se dessinent les élections de janvier 1956, Mollet fonde le Front républicain, sorte de rappel du Front populaire. Son gouvernement instaure la troisième semaine de congés payés et, pour les personnes âgées, un Fonds national de solidarité financé par la « vignette » automobile.

Mais c'est dans la tourmente algérienne que le gouvernement Mollet s'enlise. Après avoir désigné comme gouverneur général en Algérie, pour remplacer Jacques Soustelle, le général Catroux, jugé plus progressiste, il fait marche arrière devant la pression de la rue : accueilli par des Algérois violemment hostiles, le 6 février 1956, il rappelle Catroux et désigne Robert Lacoste, qui a les faveurs des Français d'Algérie. Dès le premier mois de son gouvernement, il se laisse donc intimider par les manifestants qui s'opposent à toute concession en faveur des Algériens « de souche ». Sa politique se fait de plus en plus ferme contre les militants indépendantistes algériens, qui ne sont rien d'autres pour le gouvernement que des « fellaga » (des « coupeurs de route »). En mars 1956, Guy Mollet demande au Parlement les pouvoirs spéciaux, et les obtient : même les députés communistes les lui accordent par leur vote, au nom de l'union de la gauche. En envoyant le contingent en Algérie (400 000 soldats), le gouvernement enfonce la France dans la guerre, même si officiellement, on parle, par euphémisme, d'« événements », d'« actions de maintien de l'ordre » et d'« entreprise de pacification ». En effet, pour l'État, l'Algérie est française et la France ne peut se faire la guerre à elle-même.

Comment comprendre que ces hommes de gauche s'accrochent tant à l'Algérie française et s'opposent, par les armes, à ceux qui réclament l'indépendance et le droit des peuples à disposer d'eux-mêmes ? À cette époque, très peu de gens doutent de l'idée que « l'Algérie, c'est la France ». Dans les manuels d'histoire confiés à des générations d'élèves, cette formule est répétée comme une évidence. Elle est significative d'une certaine conception de la France : celle d'un pays dont le rayonnement s'étend à diverses contrées du monde et dont la supériorité sur les peuples colonisés est indéniable. Pour les socialistes notamment, la France mène dans ses colonies une mission civilisatrice, contre l'obscurantisme que représente à leurs yeux la religion musulmane : les Algériens, arabes et kabyles, sont d'ailleurs appelés les « musulmans », donc définis non pas par des critères de citoyenneté, mais par des facteurs religieux ; c'est là la négation de l'idée républicaine. Le statut de 1947 a institué un double collège électoral : la voix d'un Européen en Algérie vaut huit voix d'Algériens « musulmans ».

Dans ce cadre, c'est le gouvernement Mollet qui, le 22 octobre 1956, fait détourner l'avion marocain à bord duquel se trouvent le dirigeant indépendantiste algérien Ahmed Ben Bella et quatre autres leaders du FLN, pour les arrêter. C'est encore sous son gouvernement que la société française prend connaissance de l'usage de la torture par l'armée française. De telles révélations lui aliènent une partie de la gauche. De fait, ce gouvernement paraît bafouer, en Algérie, les idéaux du socialisme, reposant sur le droit et l'humanisme. Ses opposants à gauche parleront d'ailleurs à son propos de « national-molletisme », par allusion au « national-socialisme » (nazisme) : c'est dire la violence de leur déception. L'opinion évolue dans le même temps : selon les sondages, 51 % des Français interrogés désapprouvent qu'on demande plus d'impôts pour financer les dépenses liées au conflit et 48 % refusent qu'on oblige les jeunes à faire leur service militaire en Algérie. Ils sont de moins en moins nombreux à se prononcer pour le maintien de l'Algérie française : 47 % en octobre 1955 ; 40 % en avril 1956 ; 36 % en septembre 1957...

Pour ses détracteurs comme pour ses partisans, Guy Mollet est aussi « l'homme de Suez ». Suite à la décision de l'administration américaine de geler les crédits promis à l'Égypte pour la construction du barrage d'Assouan, le dirigeant égyptien Nasser décide la nationalisation du canal de Suez. Or, les actionnaires de la compagnie qui gère ce canal sont surtout français. En riposte, et aussi parce que l'Égypte soutient le FLN algérien dans sa lutte pour l'indépendance, Guy Mollet engage les troupes françaises, aux côtés de soldats britanniques et israéliens, dans une expédition militaire. Cette diplomatie de la canonnière semble d'autant plus contradictoire avec les idéaux du socialisme qu'elle s'oppose au droit, pour un pays, de nationaliser un secteur clef de son économie. Cependant, même si cette attitude suscite l'indignation des militants de gauche les plus engagés, elle recueille l'approbation d'une majorité de Français qui y voient une décision courageuse, digne de la place militaire et diplomatique que la France doit occuper dans le monde, contre un dirigeant arabe présenté par le gouvernement comme un dictateur. L'humiliation que constitue l'évacuation des troupes sous la pression soviétique et américaine n'entache pas vraiment l'image de Guy Mollet ; en revanche, elle ne fait que renforcer l'antiaméricanisme partagé par un certain nombre de Français, et l'antisoviétisme des autres.

III. La France de la croissance

1. L'embellie et ses demi-teintes

Par contraste avec un fonctionnement institutionnel et politique difficile, bon nombre de problèmes économiques s'aplanissent à partir du milieu des années 1950 et la France renoue avec la croissance. Tous les indicateurs affichent l'embellie : le produit national brut, le pouvoir d'achat, la consommation en volume, la production industrielle et les exportations françaises augmentent tous de 40 % ou plus entre 1950 et 1958. C'est aussi une époque de plein-emploi. La recherche scientifique et technique se révèle dynamique, grâce notamment au CNRS (le Centre national de la Recherche scientifique), au CEA (le Commissariat à l'Énergie atomique), à l'INRA (l'Institut national de la Recherche agronomique). Dans l'industrie, cette recherche créative profite aux branches les plus modernes comme la chimie : c'est l'heure de la poudre à laver et du polystyrène, du plastique et des textiles synthétiques. Les succès de l'aéronautique française sont symbolisés par le lancement de la Caravelle, le premier avion de transport à réaction français. À la tête du CEA, Frédéric Joliot-Curie travaille à produire une énergie nucléaire à usage civil, tandis que de fantastiques réalisations techniques, les grands barrages de Génissiat, de Serre-Ponçon et de Donzère-Mondragon, permettent la production d'électricité d'origine hydraulique. Dans la métallurgie, c'est principalement l'industrie automobile qui connaît une croissance spectaculaire, car le pays tout entier s'équipe à présent ; la voiture cesse d'être un luxe : en 1951, on compte une automobile pour dix-sept habitants, et en 1958 une pour sept. Socialement, ce sont d'abord les cadres, les ingénieurs et les techniciens qui profitent de cet élan.

Un domaine cependant n'est que peu touché par les succès de la reconstruction : celui du logement. Les traces de la guerre et ses destructions peinent à disparaître, tandis que le patrimoine immobilier français demeure l'un des plus vétustes d'Europe. À la campagne, les fermes au sol de terre battue sont encore nombreuses. L'abbé Pierre, tout à la fois homme d'Église, homme politique et ancien résistant, allie pour la première fois, à l'hiver 1954, usage médiatique et action humanitaire, en ayant recours à la radio pour lancer son appel en faveur des mal-logés.

Dans ce contexte, une catégorie entend bien lutter pour défendre ses intérêts, ce qui donne lieu à des conflits sociaux inédits : les agents de la Fonction publique et des services publics. En août 1953, c'est une grève hors normes qui surprend le pays : elle ne concerne en effet que le secteur public et est appelée, au beau milieu de l'été, par Force ouvrière, syndicat réformiste et bien moins important que la CGT. Le gouvernement vient d'annoncer une baisse des effectifs et le recul de l'âge de la retraite pour les fonctionnaires. Le mouvement part des PTT, pour s'étendre à la SNCF, la RATP et EDF-GDF. Le 15 août, on compte 4 millions de grévistes. Le gouvernement veut une fois de plus utiliser l'arme de la réquisition, mais ses ordres ne sont pas respectés. Lorsque la grève s'achève fin août, son issue apparaît comme un succès pour les salariés : elle débouche sur le maintien de l'âge de la retraite et sur une revalorisation des carrières et des traitements.

Parmi les 7,5 millions d'ouvriers, la situation est variable, selon que l'on travaille dans telle ou telle entreprise. La régie Renault fait figure de vitrine sociale, avec l'accroissement régulier des salaires, la troisième semaine de congés payés qui anticipe sur la décision du gouvernement Mollet, le paiement des jours fériés ou encore la retraite complémentaire. Au contraire, dans d'autres secteurs comme la construction navale, les salaires sont longtemps bloqués et un très dur conflit social éclate à Nantes et Saint-Nazaire en 1955. La semaine de travail est partout éprouvante, durant au moins quarante-cinq, voire quarante-huit ou même plus de cinquante heures. Un ouvrier sur cinq ne touche que le SMIG, le salaire minimum interprofessionnel garanti instauré en 1950.

Le monde agricole connaît, quant à lui, de profonds changements, grâce à la mécanisation croissante et rapide ; ainsi le parc des tracteurs est-il cinq fois plus élevé en 1950 qu'en 1938. La productivité s'accroît de façon remarquable, de plus de 6 % par an au cours de cette période. Des prêts bonifiés (dont le taux d'intérêt est réduit grâce à une subvention de l'État) sont octroyés par le Crédit agricole ; des subventions sont également allouées aux coopératives d'utilisation du matériel agricole (les CUMA) ; des détaxes facilitent par ailleurs l'achat de tracteurs. La Jeunesse agricole chrétienne (JAC) affirme que « la charité doit devenir technicienne » et joue un rôle important dans la formation de militants paysans pour la modernisation de l'agriculture, en diffusant les nouvelles méthodes de culture. Le Centre national des jeunes agriculteurs (CNJA) occupe une place assez semblable, le prosélytisme chrétien en moins. Selon sa direction, il n'y a pas d'avenir à la terre pour les agriculteurs dont le travail n'est pas rentable. Enfin, le Parti communiste dirige lui aussi des organisations tournées vers le monde agricole, mais ses positions divergent de celles adoptées par le CNJA : le Mouvement de coordination et de défense des exploitations familiales (MODEF) veut surtout protéger les petits paysans, vus comme des laissés pour compte ; il s'agit de les aider notamment à s'informer sur les aides et allocations qui leur reviennent, et de préserver les petites exploitations. De fait, alors que les exploitations de moins de cinquante hectares constituent plus de 90 % du nombre total d'exploitations, les revenus de la grande majorité des agriculteurs restent faibles.

2. Conquérir sa place : les jeunes dans la société française

« Un fait immense, incalculable, se passe depuis la Libération, s'exclame, en juin 1958, un journaliste de *Paris Match* : le rajeunissement français. » Si, au milieu des années 1930, on comptait environ 550 000 naissances par an, on en recense 650 000 en 1943, et même 850 000 entre 1946 et 1951. C'est donc à un véritable « baby-boom » que l'on assiste. Les jeunes, désormais, intéressent : les enquêtes à leur sujet se multiplient ; un grand sondage lancé par l'hebdomadaire *L'Express* donne lieu à un livre au titre remarqué, qui devient formule : *La Nouvelle Vague,* de Françoise Giroud (1958). Toute une politique est à revoir et à prévoir : éducation, emploi, habitat, loisirs doivent être repensés à la lumière de cette éclosion.

Mais en ces années 1950, les mœurs, au fond, changent peu. Les jeunes de ce temps demeurent globalement attachés aux mêmes valeurs que leurs aînés, le mariage et la famille en particulier. Les rôles respectifs des hommes et des femmes n'évoluent guère ; en particulier, les jeunes filles interrogées, dans leur majorité, aspirent toujours à devenir épouses et mères.

En 1954 cependant, Françoise Sagan publie, à dix-huit ans, son premier roman, *Bonjour tristesse*, aussitôt vendu à 640 000 exemplaires en France : elle y décrit les amours « rapides, violentes et passagères » d'une jeune fille insouciante et désabusée. Deux ans plus tard, avec le film *Et Dieu créa la femme,* Roger Vadim met à mal la représentation du mariage et de la jeune femme au foyer ; une Brigitte Bardot indolente et provocante brave les interdits sociaux et moraux en n'écoutant que son désir.

3. Des chrétiens « dans le siècle » mais des Églises conservatrices

Dans un tel contexte, la foi suppose des renouvellements que l'Église catholique hésite à promouvoir. Plus de 90 % des Français sont baptisés, mais la pratique s'étiole. Les vocations et ordinations de prêtres se tarissent. Deux « pays » s'opposent de plus en plus : celui où la chrétienté reste forte (Ouest et Est, sud du Massif central) et celui où, au contraire, elle est résiduelle (Nord, Bassin parisien, Sud-Ouest et Sud-Est, centre de la France). De son côté, le protestantisme, avec ses 750 000 fidèles, traverse lui aussi des difficultés, une remise en question de ses institutions, des tensions entre progressistes et intégristes, et là encore un problème de recrutement pastoral.

Depuis la fin de la guerre, des ecclésiastiques tentent de lutter contre la déchristianisation du milieu ouvrier en allant travailler en usine pour y répandre leur foi ; ces quelque 300 « prêtres-ouvriers » sont sensibles à l'influence du Parti communiste, font grève en 1947 et soutiennent différentes initiatives du PCF, comme le Mouvement pour la Paix et l'Appel de Stockholm pour la mise hors la loi de l'arme atomique, à partir de l'été 1950. Aussi la hiérarchie catholique met-elle brutalement fin à l'expérience en 1953.

La vieille querelle entre catholicisme et République laïque se ranime en outre au cours de cette période. En 1951, la question scolaire fait trembler sur sa base la coalition de Troisième Force, divisant le MRP et la SFIO. En effet, depuis la Libération, les subventions accordées par le régime de Vichy à l'enseignement « libre », essentiellement catholique en fait, ont été supprimées. Soutenus par les évêques, certains parents d'élèves scolarisés dans le privé protestent et menacent de faire la grève de l'impôt. Votées par le MRP, le RPF, la droite modérée et une partie des radicaux tandis que la SFIO s'y oppose avec virulence, deux lois en 1951 leur donnent satisfaction : la loi Barangé attribue une allocation pour tous les enfants de 6 à 14 ans, versée aux établissements scolaires, qu'ils soient publics ou privés, et la loi Marie accorde quant à elle des bourses d'État aux élèves scolarisés dans le privé. C'est là rompre avec le principe républicain : fonds publics à l'école publique, fonds privés à l'école privée.

La guerre d'Algérie, enfin, suscite jusque dans l'Église de violents remous : l'Action catholique de la jeunesse française (ACJF) vole en éclats en 1956, après que la Jeunesse étudiante chrétienne (JEC) a été blâmée par la hiérarchie épiscopale en raison de son trop grand engagement anticolonialiste et de sa dénonciation de la torture pratiquée par l'armée française.

Or, c'est dans et par la guerre, à nouveau, que la République prend fin. Cette fois, c'est le conflit en Algérie qui précipite la chute de la IVe République. Le 8 février 1958, l'aviation française veut bombarder une base du FLN en territoire tunisien, mais ce bombardement aérien touche le village tunisien de Sakhiet et fait de nombreuses victimes parmi la population. La Tunisie dépose plainte auprès de l'ONU. Les États-Unis et la Grande-Bretagne demandent des comptes au gouvernement français – les États-Unis menacent même de revoir leurs prêts à la baisse. Le conflit franco-algérien s'internationalise.

Le 13 mai, à Alger, une émeute menée par des Français d'Algérie activistes débouche sur la constitution d'un Comité de salut public dirigé par le général Raoul Salan et qui désigne pour chef le général de Gaulle. Celui-ci se dit « prêt à assumer les pouvoirs de la République », sans condamner l'insurrection d'Alger. René Coty, président de la République, fait appel, au nom de la France, au « plus illustre de ses fils », de Gaulle. Mais les forces de gauche s'inquiètent de ce qu'elles considèrent comme un coup d'État militaire, d'autant plus qu'en Corse, des parachutistes ont débarqué et installé des autorités favorables au pouvoir d'Alger : le 28 mai a lieu une grande manifestation à l'appel du Comité d'action et de défense républicaine, où défilent entre autres Pierre Mendès France, François Mitterrand et Édouard Daladier. L'un de leurs slogans est « Le fascisme ne passera pas ».

Cela n'empêche pas de Gaulle d'être investi comme président du Conseil, le 1er juin. Sorte de cabinet d'union nationale, son gouvernement comporte des ministres CNI (dont Antoine Pinay aux Finances),

MRP (Pierre Pfimlin, ministre d'État), radicaux (Jean Berthoin à l'Éducation nationale) et même socialistes : le dirigeant Guy Mollet y siège en tant que ministre d'État ; il s'est rallié à de Gaulle, comme une moitié de députés SFIO, mais 49 d'entre eux ont quand même voté contre son investiture. Il y a là un germe de fortes tensions au sein du Parti socialiste. Tous les députés communistes ont eux aussi voté contre. Le Parlement confie à de Gaulle le pouvoir de rédiger une nouvelle Constitution : pour des motifs de rapidité, il n'est donc pas question cette fois de convoquer une Assemblée constituante. C'est la fin de la IVe République.

Est-ce un suicide, est-ce un assassinat ? Sous ces dehors imagés, c'est à cette question que les historiens tentent de répondre. Michel Winock estime que depuis 1956, « la République se meurt » : l'instabilité gouvernementale, l'incapacité à régler les problèmes majeurs de l'heure comme la question algérienne ont miné le régime de l'intérieur. Selon Serge Berstein, « le 13 mai est un 6 février qui a réussi » : en 1958, une émeute est parvenue à faire tomber le régime, de l'extérieur en quelque sorte, ce qui n'avait pas eu lieu en 1934. En fait, la IVe République n'est pas parvenue à résoudre sa principale contradiction : faire la guerre tout en ne donnant pas au pouvoir exécutif, que les institutions veulent soumis au Parlement selon un principe éminemment républicain, le pouvoir de la faire.

> « Au lendemain de la victoire remportée par les peuples libres sur les régimes qui ont tenté d'asservir et de dégrader la personne humaine, le peuple français proclame à nouveau que tout être humain, sans distinction de race, de religion ni de croyance, possède des droits inaliénables et sacrés. Il réaffirme solennellement les droits et liberté de l'homme et du citoyen consacrés par la Déclaration des droits de 1789 et les principes fondamentaux reconnus par les lois de la République. Il proclame, en outre, comme particulièrement nécessaires à notre temps, les principes politiques, économiques et sociaux ci-après :
>
> La loi garantit à la femme, dans tous les domaines, des droits égaux à ceux de l'homme.
>
> Tout homme persécuté en raison de son action en faveur de la liberté a droit d'asile sur les territoires de la République.

Chacun a le devoir de travailler et le droit d'obtenir un emploi [...].»

Préambule de la Constitution du 27 octobre 1946 instaurant la IVe République (les dispositions de ce préambule sont toujours en vigueur sous la Ve République).

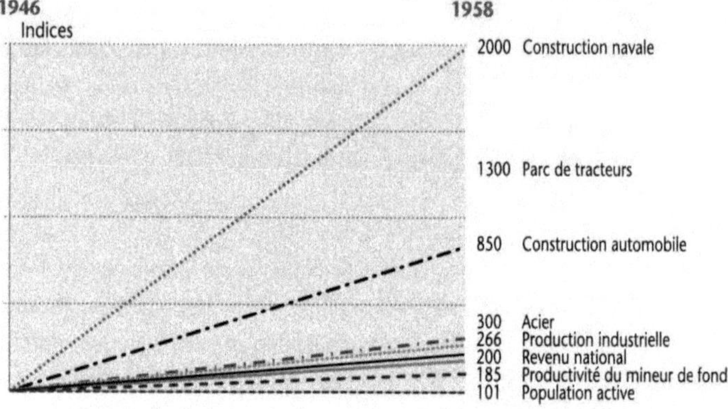

Figure 3. Une croissance économique spectaculaire

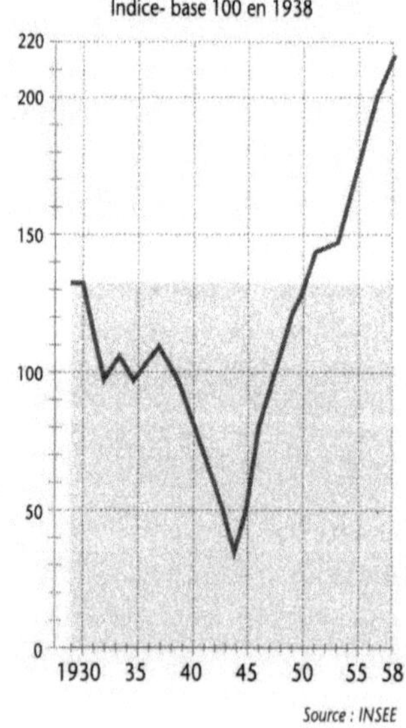

Figure 4. Une production en forte croissance

Chapitre VI
L'ère gaullienne

1958 ouvre une page inédite dans le livre de l'histoire française : c'est la première fois qu'à une République en succède une autre. Un changement de régime constitue généralement un bouleversement fondamental ; qu'en est-il dans les circonstances où la Ve République remplace la IVe ? Un constat ne peut, dès l'abord, que frapper les esprits : la stabilité politique est désormais au rendez-vous. Charles de Gaulle marque ces années de son empreinte, qu'on l'admire ou qu'on le rejette, qu'il soit « le grand Charles » ou « Charlot ».

C'est également la période durant laquelle la France connaît la croissance économique la plus rapide de son histoire. La présence, forte et durable, de Charles de Gaulle à la tête de l'État contribue sans doute en partie à encourager cette croissance, par une réelle intervention des pouvoirs publics dans les secteurs les plus modernes, mais elle la symbolise plus qu'elle ne l'engendre : le phénomène est commun à tous les pays occidentaux. De surcroît, bien des impulsions, dans le domaine social et économique, ont été l'œuvre de la République précédente ; la Cinquième engrange la récolte et la fait fructifier.

À l'échelle internationale, dans un monde que dominent les deux « Grands », la France n'est plus capable de rivaliser d'importance. Mais de Gaulle tend à ressusciter par son verbe cette grandeur passée, en faisant parfois oublier qu'elle est aussi perdue. Il s'agit à présent de trouver sa place dans le jeu diplomatique, une place intermédiaire, pour une puissance intermédiaire.

I. Une « République présidentielle »

1. Une Constitution à légitimer

Le texte de la nouvelle Constitution est présenté solennellement par Charles de Gaulle le 4 septembre 1958. Une telle cérémonie est hautement symbolique et puise dans le corpus des références républicaines. La date choisie l'indique : c'est le 4 septembre 1870 que le Second Empire de Napoléon III avait été renversé et la IIIe République proclamée. Le lieu même qu'a retenu de Gaulle pour cette présentation est tout autant porteur de signification : c'est la place de la République, pavoisée pour l'occasion de tricolore.

Il y a là une volonté d'affirmer haut et fort la légitimité républicaine du texte constituant. C'est que de Gaulle doit faire face à de nombreuses oppositions, notamment de la part de ceux qui, à gauche, redoutent l'instauration d'un pouvoir personnel issu d'un coup d'État militaire. En dépit de son glorieux passé dans la Résistance, de Gaulle reste à leurs yeux un général, comme l'étaient Boulanger ou Pétain, qui tous deux représentèrent une menace, potentielle ou effective, pour la République. Les résultats du référendum sont cependant sans appel : 17,6 millions de voix pour le « oui » à la Constitution (79,2 %), contre 4,63 millions pour le « non » et 4 millions d'abstentions. La IVe République est trop discréditée pour qu'une majorité de Français n'aspire pas à un changement de régime. De Gaulle représente aussi l'espoir d'en finir avec la guerre d'Algérie.

Mais sa première préoccupation est de restaurer l'autorité de l'État et donc, pour lui, le pouvoir exécutif. Dans une telle perspective, le président de la République doit détenir un pouvoir important, qu'il n'avait pas jusqu'alors : selon le mot de Serge Berstein, c'est une « République présidentielle » qui naît là. La Constitution n'a toutefois pas prévu d'emblée l'élection du président au suffrage universel : le précédent créé par Louis Napoléon Bonaparte, élu président de la IIe République en décembre 1848 au suffrage universel, constituait un sombre souvenir pour les républicains. Le chef de l'État est donc élu par un collège de 80 000 électeurs (parlementaires, conseillers généraux, maires et adjoints). C'est dans ces conditions que le général de Gaulle devient président de la République, le 8 janvier 1959.

Ses prérogatives sont très importantes dans cette nouvelle Constitution. Il nomme le Premier ministre, qui n'a plus besoin de l'investiture de l'Assemblée nationale. Il a le droit de dissoudre cette dernière sans que cela nécessite un contre-seing ministériel ni l'accord des présidents des Chambres. Non seulement il préside le conseil des ministres (ce qui en soi n'est pas une nouveauté), mais encore il en fixe l'ordre du jour. Il peut également refuser de signer les ordonnances présentées par son gouvernement (ce qui peut se produire en cas de désaccord entre le chef de l'État et le Premier ministre). D'après l'article 16, lorsque les institutions ou l'intégrité du territoire national apparaissent menacées, il peut prendre en charge les pleins pouvoirs ; le Parlement ne peut toutefois être dissous et continue de siéger : il s'agit d'empêcher que se reproduise la situation du 10 juillet 1940.

Mais c'est l'ensemble du pouvoir exécutif lui-même qui est revalorisé, au détriment du pouvoir législatif. À l'Assemblée nationale, l'ordre du jour est fixé par le gouvernement. Celui-ci voit son pouvoir réglementaire croître considérablement ; il peut prendre des décisions sous forme d'ordonnances sur tous les sujets qui, d'après la Constitution, ne relèvent pas de la loi. L'article 49-3 permet en outre de faire adopter un texte de loi proposé par le gouvernement sans qu'il soit voté, si aucune motion de censure ne s'y oppose.

Un Conseil constitutionnel, enfin, est instauré pour garantir le respect de la Constitution. Il est composé de neuf membres, désignés par le président de la République et les présidents des deux Chambres. Toutefois, le Conseil constitutionnel ne peut pas se prononcer de lui-même et spontanément sur la constitutionnalité d'une loi : il faut qu'il soit saisi. Or, à la différence de la Cour suprême américaine à laquelle tout citoyen est en droit de faire appel, ce droit de saisine n'appartient en France qu'au président de la République, aux présidents de l'Assemblée nationale et du Sénat et au Premier ministre.

2. Le gaullisme

Cette ère est donc marquée par le charisme, la puissance du « verbe » gaullien, mais aussi par le sens tactique et la lucidité politique du général de Gaulle. Son idéal réside dans la grandeur et l'indépendance nationales : il s'agit de redonner à la France un statut de grande puissance. C'est pourquoi de Gaulle ne saurait défendre une Europe supranationale. Il n'a que condescendance pour les organismes supranationaux comme l'ONU, qu'il appelle « le machin ». En 1963, il décide de retirer la France de l'OTAN : mais cet acte de souveraineté ne touche qu'au domaine militaire ; sur le plan politique, la France est toujours membre du Pacte atlantique. Pour autant, de Gaulle est soucieux tant de réconciliation avec l'Allemagne – il entretient des relations étroites avec le chancelier Adenauer – que d'ouverture vers l'Est et l'URSS. Fidèle au camp atlantique et à l'allié américain, de Gaulle entend cependant se montrer ferme à l'égard des États-Unis, au point que certaines de ses déclarations apparaissent comme des provocations : à Phnom Penh au Cambodge en 1966, il soutient le droit à l'indépendance des peuples d'Indochine, en pleine guerre du Vietnam ; il réitère cette défense du droit des peuples à disposer d'eux-mêmes dans différents pays d'Amérique latine où l'influence américaine est indéniable ; enfin, au Québec, il lance un retentissant « Vive le Québec libre ! », ce qui revient à s'opposer au gouvernement canadien de Toronto et à encourager la sécession du Québec.

La grandeur de la France doit également se traduire, à ses yeux, par sa puissance et son prestige, d'où l'investissement dans l'énergie nucléaire, l'avion supersonique Concorde et l'arme atomique (la première bombe atomique française explose à Reggane au Sahara en février 1960, et la bombe à hydrogène sur l'atoll polynésien de Mururoa en août 1968).

Le gaullisme se fonde aussi sur la notion de rassemblement national : pour de Gaulle, les divisions partisanes sont factices et inutiles. On se souvient qu'il avait appelé le mouvement créé en 1947 le *Rassemblement* du peuple français : la notion de « peuple » elle-même indique qu'il ne prend pas en compte les divisions d'ordre social. L'UNR, fondée le 1er octobre 1958 pour soutenir de Gaulle, est elle aussi une « union », l'Union pour la Nouvelle République. Cette conception se traduit sur le plan électoral : le scrutin de liste départemental avec représentation proportionnelle, considéré par de Gaulle comme favorisant trop le régime « des partis », est abandonné au profit du scrutin uninominal à deux tours, qui profite aux notables et pénalise les petites formations.

Le gaullisme a ainsi l'ambition de rassembler tous les Français. Au principe d'autorité se conjugue le principe populaire : de Gaulle use de tous les moyens de contacts directs avec le « peuple » (voyages en province et « bains de foule », usage de la télévision et notamment retransmission des conférences de presse : « Il faut, dit-il, que les Français me voient et m'entendent comme il faut que je les voie et que je les entende »). Ce souci d'être plébiscité par la volonté populaire s'illustre par l'organisation de référendums, contraires pourtant à la tradition républicaine qui s'appuie sur la délégation plus que sur l'appel direct au peuple : là encore, le souvenir de Napoléon III revient à la mémoire de ses opposants, car lui aussi avait fait usage du plébiscite. C'est donc une conception nouvelle de la République que défend de Gaulle, dans laquelle le peuple et son chef doivent être directement reliés, et où le pouvoir personnel est fort.

Du point de vue social et économique, cette vision du rassemblement s'illustre par la recherche d'une troisième voie entre libéralisme et socialisme : celle de l'association capital-travail, dite encore « participation ». L'opposition à un libéralisme exacerbé, qui se traduit notamment, sur le plan économique, par une forte intervention de l'État et des services publics importants, ne signifie pas pour autant, évidemment, une opposition au système capitaliste : il ne s'agit pas d'éradiquer les différences sociales, mais d'éviter qu'elles se creusent excessivement. Si l'électorat de De Gaulle a une forte composante populaire au cours des premières années du régime, après 1962 il s'enracine principalement dans un vote rural, dans les couches moyennes de la bourgeoisie et dans l'électorat féminin.

II. Les péripéties de la vie politique

1. Terminer la guerre

Sur le dossier algérien, aux yeux de nombreux Français, seul le général de Gaulle peut s'imposer. Quelles sont ses intentions ? Difficile, à l'époque, de le savoir. En visite en Algérie à l'été 1958, il s'écrie à Mostaganem : « Vive l'Algérie française ! » ; mais de son propre aveu, la phrase lui a échappé ; on constatera d'ailleurs qu'il ne l'a prononcée qu'une fois. L'ambiguïté dont il fait preuve contribue à attiser les divisions des Français sur le sujet. La cause de l'Algérie française trouve d'ardents défenseurs dans les milieux nationalistes et de la droite conservatrice. Mais, même à droite, on commence à s'interroger sur l'utilité économique de l'Empire pour la France, comme le font Antoine Pinay ou Raymond Aron (qui conteste cette utilité dans l'ouvrage *La Tragédie algérienne,* publié en 1957) ou encore le journaliste de *Paris Match* Raymond Cartier.

Enfin, il y a ceux qui, dans un mouvement « tiers-mondiste » naissant, défendent les peuples opprimés par la colonisation dans leur lutte pour leur indépendance. Des journaux comme *Le Monde, L'Express* ou *France Observateur* devenu *L'Observateur,* luttent d'abord pour la fin de la guerre d'Algérie puis, petit à petit, se prononcent pour le droit de l'Algérie à être algérienne. C'est une nouvelle « guerre franco-française » qui se dessine. Les catholiques, par exemple, sont divisés : il s'en trouve dans chacun des deux camps, *Témoignage chrétien* jouant un rôle important dans la dénonciation de la torture et de la guerre. Autre symbole fort de ce déchirement en deux camps opposés, les intellectuels s'engagent par les formes traditionnelles de leur combat : pétitions et articles de presse. C'est notamment, en septembre 1960, la pétition dite « des 121 », proclamant « le droit à l'insoumission dans la guerre d'Algérie » et donc le droit à la désertion pour les soldats. Parmi les signataires, on trouve les écrivains Jean-Paul Sartre, Simone de Beauvoir et Marguerite Duras, le compositeur et chef d'orchestre Pierre Boulez, le cinéaste François Truffaut, les universitaires Pierre Vidal-Naquet, Laurent

Schwartz et André Mandouze, les acteurs Simone Signoret et Yves Montand... Certains des « 121 » sont poursuivis ; les artistes ne peuvent plus jouer, leurs films ou pièces de théâtre sont interdits ; Laurent Schwartz, professeur de mathématiques à l'École polytechnique, est révoqué. Une contre-pétition d'intellectuels, parmi lesquels Roland Dorgelès, Jules Romains, Roger Nimier, favorables à l'Algérie française, leur rétorque en fustigeant une « minorité de rebelles, fanatiques, terroristes et racistes [...] armés et soutenus financièrement par l'étranger ». On retrouve en fait un positionnement semblable à celui qui avait marqué l'affaire Dreyfus : défense des droits de l'homme et de la justice, d'un côté ; défense de l'armée et de la raison d'État au nom de la nation, de l'autre. Les étudiants, organisés dans un syndicat qui prend alors une importance considérable, l'Union nationale des étudiants de France (UNEF), jouent eux aussi un rôle essentiel dans la lutte contre la guerre. Le 27 octobre 1960, l'UNEF organise un grand rassemblement pour la paix en Algérie. Le PCF quant à lui, s'il se prononce pour l'arrêt de la guerre, a une attitude relativement peu offensive et se voit dépossédé des principales initiatives au profit d'autres, comme l'UNEF précisément, ou encore le tout jeune Parti socialiste unifié (PSU).

Pour nombre de Français, la guerre d'Algérie devient un véritable boulet, un conflit qui s'éternise et qui voit les jeunes soldats du contingent partir sur l'autre rive de la Méditerranée pour un long service militaire de 28 mois en moyenne. Sous de Gaulle, les combats se prolongent pendant encore quatre années. Pourtant, dès juillet 1958, 41 % de Français sondés estiment qu'il faudra « en venir tôt ou tard à l'indépendance ». Ce pourcentage ne cesse de croître par la suite.

Dans un tel contexte, de Gaulle procède par étapes. Un plan dit « de Constantine », car présenté dans cette ville en octobre 1958, est censé permettre des avancées sociales et politiques destinées à réaliser la « paix des braves » : l'égalité des salaires entre métropole et Algérie, la scolarisation pour les jeunes Algériens, la création de 400 000 emplois, l'utilisation du pétrole et du gaz algériens pour la mise en valeur du pays, et notamment son industrialisation, l'amélioration de l'équipement sanitaire, des moyens de transport et des voies de communication, enfin la construction de nombreux logements. C'est dire que l'état de l'Algérie est encore à cette époque très précaire et très inégalitaire. De Gaulle ne propose pas l'indépendance ; trop d'intérêts sont en jeu, dont le sort de la population française sur place, mais aussi les immenses richesses pétrolières que l'on découvre et commence à exploiter au Sahara.

La perspective qu'il avance en septembre 1959 est celle de l'autodétermination : les Algériens auront à choisir entre la francisation, la sécession et une forme d'autonomie interne dans le cadre de l'Union française, solution qui a la préférence du général. Parallèlement, il se montre ferme face aux Français d'Algérie qui bravent le pouvoir, comme lors de la semaine des barricades, insurrection déclenchée par des activistes d'Alger en janvier 1960, puis au moment du putsch commandé par quatre généraux, Challe, Jouhaud, Salan et Zeller, en avril 1961. La France se croit alors au bord d'un coup d'État militaire et peut craindre le pire quand le Premier ministre Michel Debré appelle les Français à se rendre dans les aéroports pour s'opposer à un éventuel débarquement de parachutistes. Mais les soldats du contingent jouent un rôle décisif dans l'échec du coup d'État, en refusant d'obéir aux ordres des officiers putschistes. De Gaulle fait alors usage de l'article 16 de la Constitution et s'empare des « pouvoirs spéciaux ».

Les dernières années du conflit sont marquées par des tragédies dont les victimes viennent s'ajouter à tous les morts de la guerre (24 000 parmi les soldats français et 234 000 parmi les combattants indépendantistes et la population algérienne, selon l'estimation avancée par Charles-Robert Ageron). À partir de 1960, l'Organisation de l'armée secrète (OAS), groupe d'extrême droite dont les membres luttent pour la préservation de l'Algérie française, se met à perpétrer des attentats terroristes en Algérie et en métropole. Le 17 octobre 1961, à Paris, des Algériens manifestent pacifiquement, à l'appel du FLN : ils protestent contre les mesures que vient de leur imposer la préfecture de police : le couvre-feu, la fermeture chaque jour à 19 heures des « débits de boisson tenus et fréquentés par des Français musulmans d'Algérie », et l'« incitation » à circuler dans la journée isolément et non par petits groupes. Un grand nombre de manifestants tombe sous les coups de la police parisienne aux ordres du préfet de police Maurice Papon. Les historiens sont aujourd'hui encore divisés sur le nombre de victimes (30 selon les uns, 200 selon les autres) ; quoi qu'il en soit, la presse parle peu de ce drame et la population n'en est que très mal informée. En revanche, les Français sont bouleversés par la mort de neuf personnes qui, le 8 février 1962, dans une manifestation anti-OAS, périssent étouffées ou écrasées lors de l'assaut de la police à la station de métro Charonne. Les neuf victimes sont presque toutes membres du Parti communiste. Des obsèques publiques rassemblant une foule immense leur rendent hommage. Ces événements contribuent à précipiter l'issue de la guerre. À partir de fin 1960, de Gaulle a commencé à parler de l'éventualité d'une « Algérie algérienne » et amorcé des pourparlers avec le FLN, ce que le chef de l'État jugeait inenvisageable deux ans plus tôt. Le 18 mars 1962, le cessez-le-feu est proclamé et lors du référendum organisé le 8 avril, plus de 90 % des électeurs approuvent les accords d'Évian qui confèrent à l'Algérie son indépendance, et mettent ainsi un point final au conflit.

Cette guerre laisse bien des traumatismes : parmi les « pieds-noirs » (les Européens et en particulier les Français d'Algérie) qui sont 700 000 à quitter précipitamment leur terre natale ; parmi les harkis survivants, ces Algériens ayant servi comme supplétifs dans l'armée française – plusieurs milliers sont massacrés comme « traîtres » au moment de l'indépendance, environ 43 000 sont transférés en France ; parmi les soldats du contingent aussi, que cette expérience de la guerre a, pour beaucoup, bouleversé.

2. Le président, le Parlement et le suffrage

Une fois le conflit algérien achevé, le général de Gaulle estime le moment venu pour renforcer encore son pouvoir et réfléchir aux modalités de sa succession. Ce sont tout à la fois son Premier ministre Michel Debré et les députés qui en font les frais. De Gaulle, qui s'estime le maître de la Constitution puisque c'est lui qui l'a inspirée, a une conception bien particulière du chef du gouvernement : « Étant donné, explique-t-il, l'importance et l'ampleur des attributions du Premier ministre, il ne peut être que "le mien" ». Or, Michel Debré, qui dirige le gouvernement depuis janvier 1959, n'a plus les faveurs du président. Leurs positions sur l'Algérie, en particulier, ont différé : Debré a toujours été partisan de l'Algérie française. Mais surtout, de Gaulle veut impulser une dynamique nouvelle. En avril 1962, il demande à Michel Debré de démissionner, alors que celui-ci a la confiance des parlementaires : c'est là un affront fait au Parlement. Le président de la République nomme Georges Pompidou Premier ministre : c'est un autre désaveu pour les députés, car Pompidou n'est pas l'un des leurs, il n'a jamais été élu, il a été repéré et choisi par de Gaulle.

Les parlementaires s'opposent ensuite avec virulence à la réforme de la Constitution. En effet, après avoir subi une tentative d'assassinat dont il a réchappé par miracle au Petit-Clamart en août 1962, tandis que l'émotion règne encore, Charles de Gaulle propose d'instaurer l'élection du président de la République au suffrage universel. Marque supplémentaire du mépris qu'il témoigne à l'égard du Parlement, lorsqu'une motion de censure est adoptée contre le gouvernement Pompidou, de Gaulle dissout l'Assemblée nationale, le 9 octobre 1962. La réforme constitutionnelle est approuvée par référendum à 62 %, le 28 octobre. De nouveau, le général de Gaulle a préféré en appeler directement aux Français, cette fois pour faire entériner une modification de la Constitution qui transforme en profondeur la vie politique française.

En décembre 1965 arrive donc le moment où, pour la première fois depuis l'élection de Louis Napoléon Bonaparte, le président de la République va être élu au suffrage universel. Le candidat François Mitterrand, au nom de toute la gauche, se présente sur un programme orienté vers la justice sociale avec le slogan « Un président jeune pour une France moderne », tandis que le centriste Jean Lecanuet joue aussi sur son image de candidat jeune, rappelant John F. Kennedy. Le message politique se fait très médiatique ; la télévision, que de Gaulle utilise avec habileté, joue un rôle essentiel. Au premier tour, le président sortant est mis en ballottage. Un second tour est nécessaire, qui place face à face de Gaulle et Mitterrand. Le premier l'emporte, avec douze millions de suffrages, soit deux millions de plus que le candidat de la gauche. Il y a bel et bien eu à cette occasion une claire bipolarisation gauche/droite.

3. Reclassements politiques

Face à une majorité gaulliste toute puissante, représentée par l'UNR sur laquelle s'étaient portés 32 % des voix aux élections de novembre 1962, le reste de la classe politique tente de faire front par des regroupements et des alliances, qui ne parviennent pas cependant à masquer leurs difficultés.

À droite, le CNI entame la Ve République sur les chapeaux de roue, c'est même le parti qui recueille le plus de voix aux élections d'octobre 1958 avec 22 %. Mais son ralliement à de Gaulle fait long feu : la voie de l'autodétermination est récusée par les fermes partisans de l'Algérie française que rassemble le CNI ; en outre, l'interventionnisme d'État, caractéristique de la politique gaullienne, ne convient pas à ces libéraux. Tous les ministres MRP quittent pour leur part le gouvernement en 1962 car, ardents européens, ils ne supportent pas les sarcasmes gaulliens au sujet d'une éventuelle Europe unie où l'on parlerait un « volapük intégré ». Formant un centre-droit hostile à l'élection du président de la République au suffrage universel, rassemblé dans un « cartel des non », le MRP et le CNI subissent de plein fouet leur échec au référendum d'octobre 1962 et une grave défaite électorale aux législatives de novembre ; ils se regroupent alors en un Centre démocratique.

Au centre-gauche, les radicaux ne représentent plus grand-chose : ils n'obtiennent que 7 % des voix aux élections législatives de 1958, alors qu'ils en recueillaient encore 15 % en 1956. Pierre Mendès France n'appartient plus au parti, il a rejoint une force qui, à gauche, vient de faire scission d'avec la SFIO, s'opposant notamment à sa politique algérienne mais aussi à son ralliement à la Constitution de la Ve République : il s'agit du Parti socialiste autonome (PSA), devenu en avril 1960 Parti socialiste unifié (PSU). La gauche non communiste est donc éparse. Cependant, pour l'élection de 1965, François Mitterrand parvient à rassembler sous sa houlette ses différentes structures en une Fédération de la gauche démocrate et socialiste (FGDS), incluant la SFIO et le Parti radical.

Quant au Parti communiste, il connaît, en 1959-1961, un mouvement de contestation à l'intérieur, animé par Marcel Servin et Laurent Casanova qui appartiennent à la direction nationale du PCF. Ceux-ci critiquent les ambiguïtés de la direction sur la guerre d'Algérie et certaines faiblesses idéologiques comme deux des credos « thoréziens » : la société connaîtrait une évolution vers la paupérisation absolue ; le gaullisme serait un avatar du fascisme. Servin et Casanova sont condamnés et le parti purgé. Mais les tendances à la contestation radicale ne cessent pas pour autant. Les principales émanent des plus jeunes militants, en particulier des étudiants, regroupés dans l'UEC, l'Union des étudiants communistes. Des militants, parmi lesquels Alain Krivine, quittent le PCF et fondent les Jeunesses communistes révolutionnaires (JCR).

Mais au moment où, à l'intérieur, le parti mène cette politique d'exclusions, il tente aussi de sortir de son isolement. Il adopte pour cela une stratégie d'union à gauche, faisant rejouer les souvenirs du Front populaire et ceux de la Libération. Après la mort de Maurice Thorez en 1964 auquel succède Waldeck Rochet comme secrétaire général, le parti amorce une évolution idéologique et un progressif dégel intellectuel : les philosophes membres du parti développent publiquement une pensée propre, comme Louis Althusser, soucieux notamment de distinguer le marxisme du stalinisme.

4. Le « joli mai » et la grève générale

Or, le Parti communiste se trouve fort dépourvu quand vient mai 1968. Ce sont les étudiants qui d'abord se révoltent. Ils étaient 28 000 au début du siècle, 123 000 en 1946, 215 000 en 1960 ; ils sont à présent 500 000. Cette massification introduit une diversification sociale en leur sein. En outre, c'est un milieu très politisé. Du point de vue social, ils s'inquiètent des débouchés qu'ils trouveront après leurs études, constatant qu'ils ne correspondent pas forcément au niveau de leur formation. Sur le plan purement universitaire enfin, ils déplorent la prépondérance du cours magistral et le manque de moyens, en locaux et en enseignants.

C'est à Nanterre que tout commence : l'université est nouvelle, implantée au milieu d'un bidonville ; les étudiants y perçoivent la grande précarité des conditions de vie réservées à certaines populations, en particulier immigrées, au cœur pourtant des « Trente Glorieuses ». La guerre du Vietnam choque aussi beaucoup d'entre eux : le 20 mars 1968, des étudiants participent à une manifestation devant le siège de l'American Express, dont les vitres sont brisées ; l'un d'eux est arrêté. Pour dénoncer cette arrestation, l'occupation d'un bâtiment de la faculté s'organise : le « Mouvement du 22 mars » est né, dirigé notamment par un étudiant anarchiste, Daniel Cohn-Bendit. L'université de Nanterre étant fermée sur ordre du doyen, une réunion publique se tient le 3 mai à la Sorbonne, élargissant le mouvement ; mais la police intervient pour la disperser et procède à 500 arrestations. L'indignation se généralise, car jamais les forces de l'ordre n'étaient entrées dans l'enceinte de l'université, pas même sous l'Occupation allemande. L'événement suivant est donc une riposte : il s'agit, le 10 mai, de grandes manifestations, à Paris et en province, pour la libération des étudiants arrêtés. Mais là encore, la brutalité de la répression suscite la colère et la solidarité ; les forces de l'ordre ont à nouveau chargé, les manifestants ont dépavé certaines rues pour dresser des barricades. Le 13 mai, les centrales syndicales appellent les salariés à une grève générale de protestation. Le 14, le mouvement non seulement se poursuit mais il s'amplifie, des usines sont en grève et occupées par leurs salariés. La grève s'étend à tout le pays et à tous les domaines de la vie économique. Bientôt, la France est paralysée. Le 24 mai, on recense entre neuf et dix millions de grévistes. La convergence des grèves dans tous les secteurs, aussi bien la Fonction publique et les services nationalisés que l'industrie privée, est inédite. Croyant le pouvoir gaulliste sur le point de vaciller, les principaux représentants de la gauche, dont Pierre Mendès France et François Mitterrand, se réunissent le 26 mai lors d'un grand rassemblement au stade Charléty et se disent prêts à succéder à de Gaulle.

Mais la réponse du pouvoir est multiforme. Dès le 25 mai, sous l'impulsion du Premier ministre Georges Pompidou, se sont ouverts au ministère des Affaires sociales rue de Grenelle (et non à Matignon car le gouvernement veut éviter la référence au Front populaire) des pourparlers entre patronat, syndicats et représentants de l'État. Les propositions qui y sont faites comprennent une hausse du SMIG de 35 % et une augmentation des salaires de 7 à 10 %, une baisse d'une heure de la journée de travail ainsi que la reconnaissance des sections syndicales d'entreprise. Ces mesures, toutefois, n'arrêtent pas le mouvement de grève.

C'est là un des mouvements sociaux les plus importants que la France ait jamais vécus, et un événement qui ne correspond à aucune norme connue. La crise n'a pas été ouverte d'abord par un conflit social, mais par la protestation étudiante. À partir de mi-mai, la grève ouvrière est largement spontanée, la classe ouvrière devançant ses appareils syndicaux et partisans ; la CGT ne parvient pas à la canaliser. Lorsqu'il vient présenter à l'usine Renault de Boulogne-Billancourt les résultats obtenus à Grenelle, Georges Séguy, qui dirige la CGT, se fait conspuer par les ouvriers ; ceux-ci décident de poursuivre la grève et lancent le slogan de « Gouvernement populaire ». Pour Jean-Paul Sartre c'est évident : « Les communistes ont peur de la révolution ». Le contenu antistalinien de Mai est puissant, surtout chez les étudiants parmi lesquels règnent des groupes anarchistes, trotskistes et maoïstes.

L'historien Michel de Certeau a évoqué cette immense « prise de parole » : « on a pris la parole comme on a pris la Bastille en 1789 ». Les valeurs tenues pour évidentes, les biens dont la consommation était assimilée jusque-là au bonheur, sont l'objet de réflexion et de remise en cause. Les barricades font rejouer les grands moments de l'histoire de France : 1830, 1848, la Commune de Paris, la Libération... La violence est à nouveau dans la rue. Par deux fois, les forces de l'ordre font usage de leurs armes à feu : le 30 mai, un jeune homme est tué par un gendarme dans le Calvados ; le 11 juin, un CRS abat deux ouvriers de Sochaux. Pour leur part, contre la police, les manifestants lancent pavés et objets divers.

De Gaulle est ébranlé ; il part brièvement en Allemagne à l'insu de tous, pour retrouver le général Massu, ancien commandant du corps d'armée d'Alger pendant la guerre d'Algérie, et s'informer sur l'état d'esprit qui règne dans l'armée. Lorsqu'il rentre en France, rassuré sans doute sur ce point, il annonce la dissolution de l'Assemblée nationale et de nouvelles élections : Georges Pompidou le lui a conseillé pour se redonner une majorité forte fraîchement sortie des urnes. Une grande manifestation, convoquée par les militants de l'UNR, a lieu le 30 mai sur les Champs-Élysées aux cris de « De Gaulle n'est pas seul ! », « La France aux Français ! », « Les ouvriers au boulot ! ». Lors des élections des 23 et 30 juin, le raz-de-marée en faveur des gaullistes s'explique surtout par une volonté de retour au calme et à la stabilité après les « événements ». Petit à petit, le travail reprend et *L'Humanité,* le journal du PCF, s'en réjouit en titrant : « Reprise victorieuse du travail dans l'unité ».

Comment interpréter ces mois de mai et juin qui bousculent la France ? Des historiens insistent aujourd'hui sur la dimension éminemment politique des événements, qu'ils refusent de réduire à leurs aspects culturels. Mai 1968 constitue la plus grande grève générale dans l'histoire du mouvement ouvrier français, avec cinq fois plus de grévistes qu'en 1936. Pour leur part, les étudiants n'ont que peu mis en avant des revendications corporatistes, purement estudiantines. Leur point commun avec les travailleurs en grève réside dans leur opposition à ce que représentent à leurs yeux le gaullisme et le capitalisme. D'ailleurs, bien que le gouvernement, le PCF et la CGT aient tenté de les empêcher, des rencontres ont eu lieu entre ouvriers et étudiants.

Le mois de mai a des répercussions à la fois immédiates et de moyen terme dans la vie politique française. De Gaulle, irrité par le rôle important qu'a joué Georges Pompidou, lui demande sa démission et nomme un nouveau Premier ministre, Maurice Couve de Murville. Soucieux de faire appel une nouvelle fois aux urnes pour raffermir son pouvoir, un an après, de Gaulle annonce en avril 1969 un nouveau référendum, promouvant la régionalisation et portant réforme du Sénat ; mais cette fois, il échoue, le « non » l'emporte avec 52,4 % des voix : les Français se sont sans doute peu intéressés au contenu même de la question et ont surtout voulu sanctionner un pouvoir en place depuis onze années (en mai 68, les manifestants scandaient « Dix ans ça suffit ! »). Tous les partis de gauche se sont prononcés pour le rejet, les centristes également, et même Valéry Giscard d'Estaing, ancien ministre des Finances, a appelé à voter « non ». Comme il avait mis sa démission dans la balance, le général quitte le pouvoir.

III. Le renouvellement des cultures

1. Quelle culture ouvrière ?

En 1968, les ouvriers ont joué un rôle décisif dans les « événements ». À cette date, ils représentent 37,7 % de la population active, les employés 14,8 %, les agriculteurs 12 %, les cadres moyens 9,9 % et les patrons de l'industrie et du commerce 9,6 %. On le voit, la classe ouvrière est puissante, d'autant qu'elle s'exprime dans ses luttes en tant que classe.

Mai 1968 n'a pas surgi *ex nihilo*. De fait, les années 1960 sonnent à nouveau les grandes heures des grèves ouvrières : on en compte en moyenne 3 000 à 5 000 par an, elles touchent environ un ouvrier sur dix. Certaines de ces grèves sont longues et dures, elles marquent les esprits, comme celle des mineurs en 1963, d'ampleur exceptionnelle et qui voit l'unité d'action réalisée entre les différentes confédérations syndicales : la CGT, FO, la CFTC et la Confédération générale des cadres (CGC). L'action des mineurs prend place dans le contexte d'inquiétudes nouvelles, liées à la perspective d'une fermeture des puits non rentables. Or, les mineurs jouissent en France d'une réelle popularité, ils ont contribué par leur travail au redressement économique de la France après la guerre, et leur grève est soutenue par une majorité de Français. Elle est victorieuse : les salariés obtiennent une augmentation de salaires de 11 % ainsi qu'une quatrième semaine de congés payés. Mais elle s'accompagne aussi d'une ouverture des négociations sur l'avenir de la profession, ce qui signifie que l'avenir s'annonce sombre.

Ces grèves, pour la plupart, sont offensives ; elles visent surtout des augmentations de salaires et l'amélioration des conditions de travail. Les travailleurs immigrés, qui sont pour beaucoup des ouvriers spécialisés (OS), non qualifiés, y prennent une part sans cesse plus importante : à cet égard, l'engagement politique et syndical du mouvement ouvrier semble avoir été pour eux un facteur d'intégration.

Les syndicats ouvriers représentent une force importante dans le pays : la CGT regroupe environ deux millions d'adhérents au cours des années 1960. Quant à la CFTC, elle connaît à son tour une scission, car ceux qui militent à l'intérieur pour sa déconfessionnalisation s'en vont créer, en 1964, la Confédération française démocratique du travail (CFDT), très active en Mai.

2. La « fin des paysans » ?

Si, de manière générale, la France connaît à cette époque une forte croissance, les progrès dans l'agriculture sont particulièrement spectaculaires. Les gains de productivité dépassent ceux de l'industrie, et la production agricole augmente de 3 % par an. Pour exemple, le rendement moyen du blé à l'hectare double par rapport à l'avant-guerre. La révolution du tracteur fait son effet : alors qu'on comptait en France 140 000 tracteurs en 1950, il y en a un million dix ans plus tard, et la moitié des exploitants en dispose. Mais la mécanisation, ce sont aussi les moissonneuses-batteuses, les pulvérisateurs, l'élevage en batterie... L'agriculture devient une branche exportatrice forte.

Dans le même temps, ce sont les structures mêmes du secteur qui se modifient. Le nombre d'exploitations diminue tandis que leur taille moyenne s'accroît. Les aides de l'État sont de plus en plus sélectives : elles visent à privilégier les exploitations compétitives sur le marché international. Afin de promouvoir l'accroissement des superficies, permettant des gains de productivité, des groupements agricoles d'exploitation en commun (GAEC), bénéficiant d'avantages fiscaux, et des sociétés d'aménagement foncier et d'établissement rural (SAFER), qui ont un droit de préemption (une priorité) sur l'achat de toutes les terres en vente, sont mis en place.

Il s'agit aussi d'inciter les agriculteurs les moins compétitifs à quitter la terre : une indemnité viagère de départ est instaurée en ce sens ; mais ce n'est qu'une somme très modeste. En 1969, le rapport Vedel préconise la disparition d'un tiers de la surface agricole utile (SAU) et le départ de 300 000 exploitants. Ce rapport suscite de violentes manifestations paysannes, mais qui ne peuvent rien empêcher : l'exode rural s'accélère brutalement, le nombre d'actifs agricoles diminuant de 3,5 % par an. Des régions entières se dépeuplent, comme les Landes, les Alpes du Sud ou le Limousin. Tandis qu'en 1946, la part du secteur agricole représentait 36 % de l'emploi total, elle n'est plus que de 21 % en 1962 et chute à 12 % à la fin des années 1960. Le sociologue Henri Mendras va jusqu'à parler de « la fin des paysans ». La formule peut s'entendre en deux sens : aux paysans ont succédé des agriculteurs, maîtrisant des techniques modernes et passant parfois autant de temps à leur bureau pour des activités de gestion qu'à leurs champs ou leurs étables. Mais les paysans sont aussi beaucoup moins nombreux. Toutefois, si la paysannerie traditionnelle a laissé la place à une agriculture technicienne, les très grandes exploitations restent la spécificité de certaines régions, comme le Bassin parisien ou la Champagne. Les unités familiales persistent ailleurs.

3. Une culture de masse

Plus globalement, c'est l'ensemble de la société qui voit ses modes de vie évoluer radicalement. La culture de masse ne date pas des années 1960, loin de là : elle émerge dans la deuxième moitié du XIXe siècle, avec le journal populaire et la multiplication des titres et des tirages, le roman-feuilleton, le livre à bon marché, bientôt le cinéma... Mais c'est au cours des « Trente Glorieuses » qu'elle atteint un apogée et un nouvel essor. Certains historiens, comme Jean-

Pierre Rioux et Jean-François Sirinelli, refusent de voir dans la culture de masse une forme d'homogénéisation : tout au contraire, selon eux, cette culture est nourrie de diversité, de mélange des genres et de plasticité. Ils considèrent cette culture, non pas seulement comme un phénomène d'imposition que d'aucuns nommeraient aliénation, mais aussi comme la rencontre d'aspirations des individus : la culture de masse se situerait ainsi au point de jonction entre une culture-marchandise et un désir individuel de mieux-être et de loisir. L'un des défis de cette industrie culturelle (dans la presse, le cinéma, la chanson, l'édition) est de devoir sans cesse naviguer entre production standardisée et originalité.

La culture de masse se révèle parfois un creuset de culture savante et de culture populaire. De grandes expositions artistiques attirent un large public, comme les expositions Picasso (400 000 visiteurs en 1966), Vermeer (300 000 la même année) et plus encore Toutankhamon, dont 1,2 million de visiteurs va découvrir les mystères. Mais la fréquentation des musées et des théâtres reste le propre des catégories les plus aisées, cadres supérieurs, professions libérales, enseignants. C'est aussi le succès du Livre de poche (lancé par Hachette en 1953) : la « Série noire », les « San Antonio » et autres « SAS » de Gérard de Villiers triomphent. En quatre années seulement, entre 1958 et 1961, le nombre de postes à transistor est multiplié par plus de huit et atteint 2,215 millions. La télévision fait son entrée dans les foyers, mais si près de 90 % des cadres supérieurs en disposent à la fin des années 1960, moins de 10 % des ménages ouvriers ont pu en acquérir une : ils la regardent dans le cadre d'une autre sociabilité, celle des cafés par exemple. C'est surtout pour les jeunes qu'une culture de masse spécifique apparaît. Une presse pour jeunes engrange les succès, avec des magazines comme *Salut les copains,* mais aussi des émissions de radio et de télévision, tel *Âge tendre et tête de bois*. S'ouvrent l'ère du rock et le temps des « yéyés », avec Johnny Hallyday, Sylvie Vartan, Sheila et Claude François pour vedettes. Les grands succès cinématographiques de l'époque, *Le Corniaud* (1965) ou *La Grande Vadrouille* (1966) de Gérard Oury, font rire la France, grâce au duo Bourvil-Louis de

Funès. Les magasins à bon marché offrent des tenues dont même le cinéma et la chanson rendent compte. « La robe, tu me l'achètes chez Dior ? », demande Patricia-Jean Seberg dans *À bout de souffle* de Jean-Luc Godard ; « Jamais de la vie, lui répond Michel-Jean-Paul Belmondo, il y a des robes dix fois plus jolies dans les Prisunic ». Le chanteur Antoine propose quant à lui dans ses « Élucubrations » de mettre « la pilule en vente dans les Monoprix » : en même temps qu'on aspire à consommer, certains rêvent à une vraie libéralisation des mœurs que l'État accepterait et entérinerait. La loi Neuwirth, en 1967, autorise la vente de contraceptifs.

La société de consommation est en place, et le confort domestique en est bouleversé. À la fin des années 1960, 90 % des ménages sont équipés d'un réfrigérateur et 70 % ont une machine à laver le linge. La massification se retrouve également dans la physionomie des villes. Plus de la moitié du paysage bâti actuel, soit dix millions d'immeubles, a été construit au cours de la période 1950-1973. La culture de masse est aussi une invitation au voyage : le départ en vacances commence à devenir une réalité qui touche la plupart des Français. En 1968, les familles y consacrent en moyenne 10 % de leur budget, et cette part allouée aux vacances dans le budget des ménages s'accroît plus vite que le niveau de vie : ce dernier n'explique donc pas tout, les loisirs font désormais partie d'une culture nouvelle. Mais les discriminations sociales restent fortes : si parmi les cadres supérieurs, plus de 80 % partent en vacances, et 60 % des employés, commerçants et ouvriers ne sont que 40 % à partir, et l'on compte moins de 10 % de départs en vacances chez les agriculteurs. Pour partir, il faut non seulement de l'argent, mais aussi du temps : la quatrième semaine de congés payés est officialisée en 1969.

Pour les 50 millions de Français que compte désormais le pays, l'ère du « nouveau » s'est ouverte. Depuis le 1er janvier 1960, on parle en « nouveaux francs », et ce nouveau franc vaut cent anciens francs. Des « villes nouvelles » se construisent. La « Nouvelle Vague », au cinéma, bouleverse les canons esthétiques jusque-là en vigueur. Le baromètre économique est au beau fixe : la croissance frôle les 6 %

par an. Une inflation continue est la marque de ce temps, mais cette fois ce sont les salaires qui font la course en tête, ce qui donne aux Français, salariés à près de 80 %, un certain optimisme. Mais la prospérité générale laisse néanmoins sur le bord du chemin certaines catégories, les vieillards qui ne touchent que peu ou pas de retraite, les petits paysans qui ne parviennent pas à s'adapter aux impératifs de rentabilité, et les populations immigrées. Le chômage est un phénomène encore peu important, mais on remarquera que l'Agence nationale pour l'emploi (ANPE) est fondée en 1967 : faut-il y voir le signe avant-coureur de difficultés latentes ?

« [...] De plus en plus nombreux, des Français sont poursuivis, emprisonnés, condamnés, pour s'être refusés à participer à cette guerre ou pour être venus en aide aux combattants algériens. Dénaturées par leurs adversaires, mais aussi édulcorées par ceux-là mêmes qui auraient le devoir de les défendre, leurs raisons restent généralement incomprises. Il est pourtant insuffisant de dire que cette résistance aux pouvoirs publics est respectable. [...]

Nous respectons et jugeons justifié le refus des prendre les armes contre le peuple algérien.

Nous respectons et jugeons justifiée la conduite des Français qui estiment de leur devoir d'apporter aide et protection aux Algériens opprimés au nom du peuple français.

La cause du peuple algérien, qui contribue de façon décisive à ruiner le système colonial, est la cause de tous les hommes libres. »

Déclaration sur le droit à l'insoumission dans la guerre d'Algérie (manifeste dit « des 121 »), septembre 1960.

« [...] C'est commettre un acte de trahison que de calomnier et de salir systématiquement l'armée qui se bat pour la France en Algérie. Nul n'ignore, au surplus, qu'à côté des tâches qui lui sont propres, cette armée accomplit depuis des années une mission civilisatrice, sociale et humaine à laquelle tous les témoins de bonne foi ont rendu publiquement hommage.

C'est une des formes les plus lâches de la trahison que d'empoisonner, jour après jour, la conscience de la France — d'intoxiquer son opinion publique — et de faire croire à l'étranger que le pays souhaite l'abandon et la mutilation du territoire.

Il n'est pas trop tard. Mais il est urgent, pour le pays et les pouvoirs, d'ouvrir les yeux sur la forme de guerre qu'on nous fait : guerre subversive, entretenue, armée et financée par l'étranger sur notre territoire — tendant à la déségrégation morale et sociale de la nation. »

« Manifeste des intellectuels français » rédigé en réponse au manifeste « des 121 », octobre 1960.

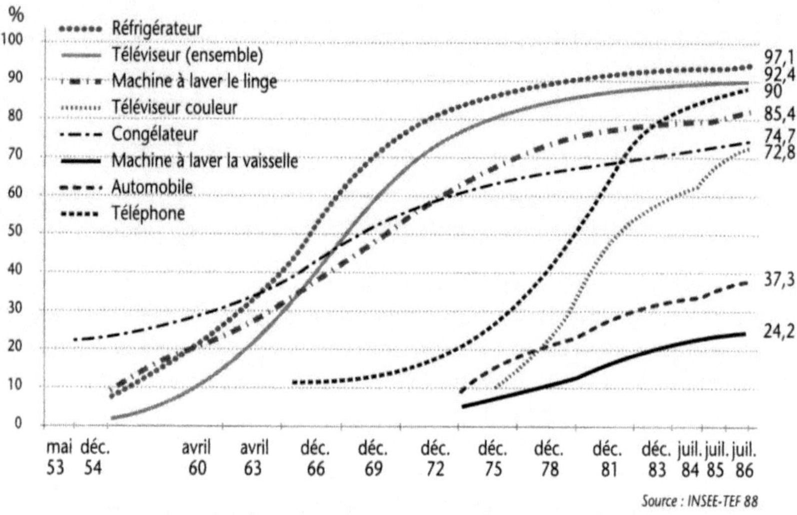

Figure 5. « Bien-être » et « *confort* moderne »

Chapitre VII
De la prospérité à la crise

Mai 1968 a été l'occasion d'une vaste contestation : le mouvement a fait naître une remise en cause tout à la fois de l'autorité de l'État et du patronat, de l'exploitation au travail, de l'inégalité entre hommes et femmes et de la situation précaire faite aux populations immigrées.

Le mouvement s'est pourtant inscrit dans une phase de prospérité économique générale. Celle-ci se prolonge durant quelques années encore, tandis que les retombées de Mai marquent les mœurs et les comportements. Entre 1969 et 1973, la France connaît la croissance industrielle la plus élevée d'Europe, avec 6,3 % par an. Mais dès 1972, le chômage se met à augmenter de manière inquiétante. Cette période est donc bel et bien un apogée, un sommet dont on ne peut que redescendre, et dont on redescend déjà en effet.

I. L'après de Gaulle

1. Georges Pompidou : moderne ou conservateur ?

Le gaullisme peut-il survivre à de Gaulle ? Le général avait déclaré : « Je n'ai pas de prédécesseur », comme s'il inaugurait, à la façon d'un démiurge, une nouvelle ère. Georges Pompidou est-il son digne successeur ? Né en 1911, petit-fils de cultivateurs et fils d'enseignants, normalien et agrégé de lettres classiques, Georges Pompidou est souvent érigé, en raison de cette promotion sociale, en parangon de la « méritocratie républicaine ». Il a adopté au cours des années sombres une attitude attentiste, qui contraste avec les gaullistes de la première heure. Mais il conçoit une grande admiration pour de

Gaulle, qui recherche pour sa part « un agrégé sachant écrire »... et le fait entrer dans son cabinet en septembre 1944. Professionnellement, Pompidou est un financier, directeur de la banque Rothschild dans les années 1950. Il maintient d'étroites relations avec le général et devient, à partir de 1958, son éminence grise. Quand il accède au poste de Premier ministre en 1962, une question lui est posée : « Serez-vous le maître ou la voix de son maître ? » Très vite, une sorte de partage des rôles le met en prise avec les affaires courantes, tandis que de Gaulle s'attache à la politique étrangère et aux réalisations de prestige. Dès lors, Pompidou apparaît véritablement comme chef du gouvernement et chef de la majorité. Il est prêt pour l'élection présidentielle.

Celle-ci a lieu plus tôt que prévu, en juin 1969, puisque le général de Gaulle décide de quitter le pouvoir. Contre le gaulliste Pompidou, Alain Poher, président du Sénat, se présente en candidat centriste attaché au système parlementaire. Pour la SFIO, la candidature de Gaston Defferre est un désastre, puisqu'elle ne recueille que 5 % des voix, tandis que Michel Rocard, au nom du PSU, en rassemble 3,6 %. En revanche, Jacques Duclos, pour le Parti communiste, atteint 21,5 % des suffrages. Mais ce sont Georges Pompidou et Alain Poher qui arrivent en tête, avec respectivement 43,9 % et 23,4 % des voix. Le deuxième tour oppose donc un candidat de droite à un candidat de centre-droit. Aux yeux du PCF, Pompidou et Poher sont des frères siamois ; « Pompoher », c'est « bonnet blanc et blanc bonnet », selon le mot de Jacques Duclos. À partir du moment où Pompidou est élu à la présidence de la République (il remporte les élections avec 58,8 % des suffrages, mais l'abstention est élevée : 31 %), il peut commencer à mettre en œuvre une politique qui lui est propre, tout en préservant l'héritage.

Sur le plan international, il se distingue peu de son prédécesseur, mais montre quelque originalité néanmoins, en renouant avec la Grande-Bretagne, ce qui favorise l'entrée de cette dernière dans la Communauté économique européenne : le référendum portant approbation de l'élargissement du Marché commun au Royaume-Uni, à l'Irlande, au Danemark et à la Norvège, le 23 avril 1972, rassemble

67,7 % de votes « oui », mais l'abstention, une fois de plus, est élevée : elle atteint 39,5 %. Les relations diplomatiques avec les États-Unis sont relativement tendues : la politique pro-arabe de la France, méfiante à l'égard d'Israël, est vivement critiquée par l'administration américaine.

Sur le plan économique et financier, alors que de Gaulle s'était toujours montré partisan d'un franc fort, le président de la République se résigne à dévaluer en août 1969, dévaluation de 12,5 %. Pompidou apparaît surtout soucieux d'expansion industrielle, que l'État à ses yeux doit encourager, en favorisant la concentration par la fusion de groupes (Saint-Gobain-Pont-à-Mousson, Péchiney-Ugine-Kuhlman, Thomson-Brandt) et la rationalisation. Son intérêt se porte sur les industries de pointe comme l'aéronautique, les télécommunications, l'informatique et l'énergie nucléaire.

Mais dans le domaine social, Pompidou se révèle au fond plus conservateur que de Gaulle ; il n'est guère favorable à la « Nouvelle Société » prônée par Jacques Chaban-Delmas, son Premier ministre. Tenant compte des retombées de mai 68 et soucieux d'un retour au calme politique, celui-ci défend la concertation avec les syndicats. C'est sous son gouvernement, par exemple, qu'est établie la mensualisation salariale : pour le salarié, cela représente la certitude de toucher un salaire fixe, quand bien même une maladie ou un accident surviendrait. Le minimum vieillesse et le SMIG sont tous deux revalorisés, et en décembre 1969 le SMIC (salaire minimum interprofessionnel de croissance) remplace le SMIG ; celui-ci n'était indexé que sur la hausse des prix, celui-là évolue aussi en fonction de la production, afin que les salariés profitent de la croissance. Dans les entreprises, une formation professionnelle continue est proposée. Mais les membres de la majorité critiquent en sourdine cette politique qu'ils jugent trop à gauche.

Cependant à ces avancées sociales se combinent des mesures de répression. Jacques Chaban-Delmas fait voter une loi dite « anti-casseurs », instaurant le délit de participation à une manifestation interdite et la responsabilité collective des organisateurs. Une organisation maoïste, la Gauche prolétarienne, est dissoute. Les directeurs d'un journal d'extrême gauche, *La Cause du peuple,* sont condamnés ; aussitôt, Jean-Paul Sartre et d'autres artistes et intellectuels (Simone de Beauvoir, Jean-Édern Hallier, Sami Frey, Patrice Chéreau) lui viennent en aide en vendant le journal incriminé à la criée dans les rues de Paris. Il y a donc deux facettes à la politique de Jacques Chaban-Delmas. Mais il doit démissionner en juillet 1972, Georges Pompidou s'inquiétant de sa popularité et, surtout, désapprouvant ses orientations sociales réformatrices. Il le congédie donc pour le remplacer par un Premier ministre plus conservateur et autoritaire, Pierre Messmer. Celui-ci manifeste sa poigne notamment en promulguant la dissolution de la Ligue communiste et d'un groupuscule d'extrême droite, Ordre nouveau.

Georges Pompidou est certes un moderne dans ses goûts, notamment pour la littérature et l'art : ses préférences vont au mobilier « design » et aux peintures abstraites ; à Paris on lui doit le Centre culturel du plateau de Beaubourg, également appelé « Centre Pompidou » et dont l'architecture de métal polychrome à structure visible suscite, c'est selon, l'enthousiasme ou la perplexité. Il aime aussi la voiture ; sur la rive droite de la Seine, le quai aménagé en « voie express » porte également son nom. Mais en politique, il reste conservateur et peu enclin aux réformes.

2. Union, désunions et réunion de la gauche

La gauche, quant à elle, a besoin de renouveler sa stratégie, après une série de défaites sur le terrain électoral et plus de dix années passées sans accéder au pouvoir. La SFIO apparaît moribonde. Il s'agit pour elle de trouver des moyens de redressement. Au Congrès d'Issy-les-Moulineaux en juillet 1969, un nouveau responsable, plus jeune, Alain Savary, remplace Guy Mollet et le parti abandonne son vieux nom de SFIO au profit de « Parti socialiste ». Mais c'est surtout au Congrès d'Épinay, en juin 1971, qu'interviennent les changements décisifs. François Mitterrand, qui n'appartenait pas à la SFIO, devient premier secrétaire du PS. Des forces nouvelles rejoignent le parti : chrétiens de gauche comme Jacques Delors, anciens mendésistes, exclus du PCF. Beaucoup souhaitent repenser le Parti socialiste comme une force réformiste s'inspirant de la social-démocratie suédoise et renonçant au programme marxiste officiel. Le PS se veut désormais un parti interclassiste. De fait, les classes moyennes y sont très représentées, surtout les enseignants et plus généralement la Fonction publique. Il est aussi marqué par un important rajeunissement, tant des militants que des cadres, et par un accroissement des effectifs (100 000 adhérents en 1973). En mars 1972, Mitterrand lance la formule « Changer la vie », avec, à son programme, la planification, l'autogestion et l'abolition de la peine de mort.

De son côté, le Parti communiste français tour à tour s'éloigne ou se rapproche des socialistes, et tour à tour aussi se démarque ou se soumet à l'URSS. En 1969, Jacques Duclos se présente toujours comme « le meilleur stalinien du monde ». Mais Waldeck Rochet puis Georges Marchais, devenu secrétaire général du parti en 1972, esquissent une politique d'autonomie à l'égard de l'URSS : quelques critiques sont émises à son encontre. Renonçant à l'un des piliers du marxisme, le parti abandonne la perspective de la dictature du prolétariat en 1976. Des contacts étroits et réguliers s'établissent entre le PCF et la gauche non communiste. Au bout de trois années de discussions, un « programme commun » est avancé, en juin 1972. C'est bien la première fois que la gauche française s'engage de la sorte sur un programme précis (le plan d'action du Front populaire était beaucoup plus minimal). La gauche décline tout ce qu'elle s'engage à réaliser si elle accède au pouvoir, en particulier des nationalisations, une planification contraignante et, *in fine*, une « stratégie de rupture avec le capitalisme ». Lors du premier tour des élections présidentielles de 1974, le PC ne présente pas de candidat afin que François Mitterrand soit le seul représentant de la gauche, si l'on excepte Arlette Laguiller et Alain Krivine, tous deux trotskistes. Il attend de cette stratégie la confirmation qu'il est bel et bien le pivot de la gauche. Sa base militante se renforce, avec 300 000 adhérents environ au cours de cette période.

3. Évolution ou révolution des mœurs

Si en 1972, le programme politique du PS s'intitule « Changer la vie », c'est que, de fait, de profondes aspirations au changement se dessinent dans la société tout entière. Les mœurs se transforment dans le sens d'une libération. Celle-ci se voit, ne serait-ce que dans la tenue vestimentaire : certaines jeunes filles s'habillent de jupes ou de robes très courtes, ces « flots de riens », ou revêtent des pantalons comme les garçons. La libération des mœurs passe également par la dissociation entre vie de couple et mariage : la « cohabitation juvénile » progresse ; au milieu des années 1970, un couple sur trois qui convole en justes noces a déjà vécu ensemble auparavant. Mais ce sont aussi les fonctions au sein même du couple qui évoluent : les femmes au foyer sont de moins en moins nombreuses, près d'une femme sur deux travaille. À cela, plusieurs explications : les tâches ménagères leur sont désormais facilitées par l'utilisation de produits préparés et de machines de toutes sortes. Travailler en dehors de chez soi peut représenter une forme d'émancipation, voire d'épanouissement. Pourtant, même si le travail constitue souvent un choix social et culturel, un grand nombre de femmes y sont contraintes : célibataires, veuves et divorcées notamment. La femme de l'exploitant agricole doit quant à elle souvent travailler à l'extérieur, dans le secteur des services généralement. La formation professionnelle demeure retardataire et les salaires féminins sont toujours inférieurs à ceux des hommes.

Un nombre croissant de femmes se bat pour la reconnaissance de nouveaux droits. Le courant féministe prend consistance et s'organise, en particulier dans le Mouvement pour la Libération des Femmes, à partir de 1970. Il revendique avec force le droit à l'avortement libre et gratuit. En avril 1971, 343 femmes déclarent publiquement avoir avorté : dans leur manifeste que fait paraître *Le Nouvel Observateur,* elles réclament la légalisation de l'avortement. En avril 1973 se constitue le Mouvement pour la liberté de l'avortement et de la contraception (MLAC) ; il apporte son soutien aux médecins pratiquant l'avortement, organise des voyages en Hollande et en Angleterre où la législation l'autorise, aide les femmes qui souhaitent avorter.

Les autorités religieuses, et plus précisément catholiques, peinent à s'adapter à ces changements de mentalités. Certes, le concile Vatican II (1962-1965) a introduit de profondes réformes dans la pratique religieuse : désormais, on tutoie Dieu, le prêtre se tourne vers les fidèles lors de la célébration et la messe est dite en français. Certains catholiques sont décontenancés par ces évolutions, d'autres jugent qu'elles ne vont pas assez loin, d'autant que l'encyclique *Humanae Vitae* du pape Paul VI, en 1968, condamne la contraception. La déchristianisation progresse. On ne compte plus, en 1972, que 17 % de pratiquants réguliers parmi les catholiques. Parmi les baptisés, seul un sur dix communie régulièrement. Les contrastes sociaux sont nets eux aussi, puisque 30 % des ruraux baptisés se reconnaissent comme faisant partie du « peuple de Dieu », mais seulement 19 % des urbains, 31 % des professions libérales, mais seulement 5 % des ouvriers.

II. L'entrée en crise

1. Valéry Giscard d'Estaing : un président « décrispé » ?

Atteint d'une maladie du sang rare et incurable, Georges Pompidou meurt le 2 avril 1974. Briguent sa succession douze candidats parmi lesquels François Mitterrand, le premier secrétaire du PS soutenu par le PCF, le PSU et les radicaux de gauche ; à l'extrême gauche, Alain Krivine et Arlette Laguiller ; à droite, Jacques Chaban-Delmas soutenu par le parti gaulliste, l'UDR, même si 43 parlementaires UDR lui font défaut, et Valéry Giscard d'Estaing, représentant une droite libérale non-gaulliste ; à l'extrême droite, Jean-Marie Le Pen pour le Front national. Au premier tour, Giscard d'Estaing, avec 32,60 % des voix, devance largement Chaban-Delmas (15,11 %) et c'est ainsi le gaullisme qui s'effondre électoralement ; quant au candidat de l'Union de la gauche, François Mitterrand, il obtient un score de 43,25 % ; Alain Krivine n'atteint pas 1 % des voix, devancé par

Arlette Laguiller dont le résultat crée la surprise (2,33 %). Celui de Jean-Marie Le Pen est en revanche négligeable (0,74 %).

Lorsqu'il est élu au deuxième tour contre François Mitterrand, avec des scores très serrés (50,81 % des voix contre 49,19 %), Valéry Giscard d'Estaing a 48 ans. Polytechnicien et énarque, il entend incarner un « libéralisme avancé » et veut attacher à la présidence un style qu'il qualifie lui-même de « décrispé ». Économiste de formation, Giscard d'Estaing a été plusieurs fois ministre des Finances sous de Gaulle et Pompidou. Devenu président de la République, il met en œuvre un libéralisme économique et des préoccupations sociales s'attachant en particulier à la place des jeunes et des femmes.

Cette politique se traduit d'abord par des réformes comme l'abaissement de l'âge électoral de 21 à 18 ans, l'assouplissement du statut de l'ORTF (l'Office de radiotélévision française, qui appartient à l'État), et le divorce par consentement mutuel. Simone Veil, ministre de la Santé, dépose devant le Parlement un projet de loi autorisant l'avortement au cours des dix premières semaines de la grossesse ; après des débats houleux, celui-ci est adopté au mois de novembre 1974, avant tout avec les voix des députés de gauche, puisque seuls 98 des 291 parlementaires de la majorité votent alors en faveur du projet. Mais les associations anti-IVG (interruption volontaire de grossesse), comme « Laissez-les vivre », ne désarment pas et s'organisent en commandos contre les cliniques pratiquant l'avortement. Le slogan du Planning familial, « Un enfant, si je veux, quand je veux », s'il est désormais d'application plus facile, n'en rencontre pas moins d'autres obstacles : non-remboursement de certaines pilules contraceptives, manque de moyens dans les centres hospitaliers, délai assez court pour pouvoir avorter (dix semaines, soit le plus court d'Europe, contre vingt-huit semaines en Grande-Bretagne par exemple).

De telles réformes répondent aux attentes d'une société en pleine évolution. Il en va de même pour l'école : il y a désormais 3 700 000 enfants et adolescents scolarisés dans des établissements d'enseignement public, quand il n'y en avait que 737 000 en 1945. La réforme Haby, du nom du ministre de l'Éducation nationale René Haby, instaure un « collège unique », qui supprime les différentes filières existant dans le premier cycle de l'enseignement secondaire. Mais massification ne signifie pas démocratisation : le « recrutement de l'élite scolaire » a toujours lieu « au sein de l'élite sociale », comme l'a montré Antoine Prost. Les travaux du sociologue Pierre Bourdieu y insistent particulièrement.

2. Face à la crise

La présidence Giscard d'Estaing est tout entière traversée par la crise économique et ne parvient pas à la résoudre. En octobre 1973, pendant la guerre israélo-arabe du Kippour, l'Organisation des pays arabes exportateurs de pétrole (OPAEP) décide de multiplier le prix du baril de pétrole par quatre. C'est un « choc pétrolier », révélateur et accélérateur de crise. Celle-ci se manifeste par la mévente et la surproduction, puis par un recul de la production suivi d'une longue stagnation, par la chute des investissements et la multiplication des faillites d'entreprises. Cependant, la crise n'est pas immédiatement perçue, d'autant que le produit national brut continue de croître, d'environ 2,5 % par an, de même que la consommation et la productivité du travail. Et c'est bien là que se trouve l'un des nœuds de la crise : la production ralentit fortement tandis que se maintient une augmentation rapide de la productivité. Cette situation donne lieu à une grave détérioration sur le marché de l'emploi : jusqu'au début des années 1970, le nombre de chômeurs oscillait entre 300 000 et 400 000 ; en 1974, il touche 615 000 personnes, 902 000 en 1975, et 1,5 million en 1980. La crise se caractérise globalement par la « stagflation », c'est-à-dire la stagnation de la production couplée à une hausse inflationniste des prix et des revenus ; c'est là une situation nouvelle par rapport aux crises antérieures, marquées par une chute combinée de la production, des salaires et des prix. Désormais, les salaires étant indexés à la fois sur les prix et sur les gains de productivité, l'inflation ne nuit plus dramatiquement aux salariés.

Face à la crise, le gouvernement de Jacques Chirac (1974-1976) choisit de promouvoir une politique expansionniste (relance de type keynésien) et de laisser se creuser le déficit budgétaire : l'équilibre des finances publiques n'est plus un dogme absolu comme dans les années 1930. Une telle politique permet de limiter les effets de la crise, mais alimente l'inflation. Des divergences s'étant fait jour entre Giscard d'Estaing et son Premier ministre Chirac, celui-ci démissionne le 25 août 1976. Le gouvernement de Raymond Barre qui lui succède (1976-1981) s'en prend quant à lui à l'inflation elle-même. Ses objectifs prioritaires sont la restauration des profits des entreprises et un franc fort ; il entend mener, à cet égard, la « bataille de la Marne du franc ». Des aménagements fiscaux visent à encourager les placements boursiers des ménages, tandis que les salaires et les prix sont bloqués. C'est l'heure de la rigueur économique. Le deuxième choc pétrolier en 1979 rend cette politique caduque : en 1981, on compte 2 millions de chômeurs, soit 9 % de la population active, et l'inflation est toujours aussi forte (13 %).

La gestion de la crise s'effectue en particulier au détriment des populations immigrées ; les pouvoirs publics considèrent que la lutte contre l'immigration peut être un moyen de réduire le chômage qui devient un fléau. Dès juillet 1974 est prise une première mesure de suspension des entrées de main-d'œuvre étrangère. Un coup d'arrêt est également mis aux régularisations. Seul le regroupement familial vaut désormais droit d'entrée. À partir de 1977, une politique de retour au pays est amorcée, avec l'instauration d'une « indemnisation » de 10 000 francs – formule crûment résumée en 1981 dans le titre que le réalisateur Mouloud Zemmouri donne à son film, *Prends 10 000 balles et casse-toi*. Cette mesure aboutit à quelque 60 000 départs, principalement parmi les Espagnols et les Portugais. Le chômage favorise aussi des poussées xénophobes où l'étranger est pris comme bouc-émissaire de la crise. Les dirigeants politiques alimentent d'ailleurs ce sentiment, comme en témoigne un discours télévisé du Premier ministre Jacques Chirac en février 1976 : « Un pays dans lequel il y a près d'un million de chômeurs, mais où il y a deux millions d'immigrés, n'est pas un pays dans lequel le problème de l'emploi est insoluble ». Le Front national, parti fondé par Jean-Marie

Le Pen en 1972, en fait un thème de campagne : « Un million de chômeurs c'est un million d'immigrés de trop ».

3. Nouvelles cultures politiques... et permanences

De Mai 1968 sont nées de nouvelles cultures politiques dont les principales manifestations émaillent les années 1970. L'autogestion est alors promue par une nébuleuse dite de la « nouvelle gauche », regroupant une partie de la gauche socialiste, d'anciens communistes et certains syndicats parmi lesquels surtout la CFDT, venue du christianisme de gauche. La formule de l'autogestion, « faire tourner l'usine sans le patron », veut s'opposer tout à la fois au capitalisme pur et dur et à l'autoritarisme bureaucratique caractérisant l'ère stalinienne. La mise en pratique la plus marquante de l'autogestion a lieu en 1973-1974 dans l'entreprise Lip de Besançon, une horlogerie en liquidation que les salariés occupent et dont ils font redémarrer la production. Elle est également tentée aux usines Péchiney, dans l'automobile chez Simca et dans le secteur hospitalier. Pour une partie de l'extrême gauche cependant, l'autogestion reste une forme d'auto-exploitation des salariés ; elle contourne la question du pouvoir politique et celle du système capitaliste dans sa globalité.

Autre nouveauté de l'époque, l'écologie devient une valeur politique et idéologique. En témoigne le combat mené contre l'agrandissement d'un terrain militaire dans le Larzac par des militants de gauche et des régionalistes associés aux habitants de cette région rurale. Cette lutte devient hautement symbolique : elle dure plusieurs années – entre 1971 et 1976 –, les manifestants s'opposent à l'armée par la non-violence et là où doivent être construits des établissements militaires, ils bâtissent des fermes ou des bergeries.

La politique reste aussi classique dans ses formes partisanes. On peut distinguer, d'une part, des partis de cadres : c'est le cas par exemple de l'Union pour la démocratie française (UDF), le parti centriste de Valéry Giscard d'Estaing créé en février 1978, qui s'appuie essentiellement sur les élites locales ; et, d'autre part, des partis de masse comme le PCF, le PS et, à droite, le Rassemblement pour la

République (RPR), parti gaulliste succédant à l'UDR et fondé par Jacques Chirac en décembre 1976 : son socle sociologique repose surtout sur les classes moyennes et les agriculteurs. Ce parti se revendique du gaullisme, tant pour exiger un État fort et une politique volontariste que pour défendre « une certaine idée de la France et de l'indépendance nationale ». C'est ainsi que, dans « l'appel de Cochin », le 6 décembre 1978, Jacques Chirac dénonce « l'inféodation de la France » à la construction européenne telle qu'elle se mène.

Quant à la gauche, elle se divise à nouveau à partir de 1977. En effet, le PCF constate qu'une partie de ses voix migre vers le Parti socialiste ; ses critiques publiques à l'égard du PS se font dès lors plus vives, et il rompt l'Union de la gauche, provoquant ainsi la défaite électorale de celle-ci aux législatives de mars 1978 : les socialistes obtiennent 104 sièges et les communistes 86, contre 291 sièges revenant à la droite (148 pour le RPR et 137 pour l'UDF). On assiste petit à petit au déclin de la culture communiste. Cela est dû en grande partie à l'allégeance globale que continue de manifester le PCF à l'égard de l'URSS. Or, les événements s'enchaînent qui contribuent à détruire les illusions placées dans le régime soviétique. L'édition française de *L'Archipel du goulag,* dénonçant le système concentrationnaire en URSS, paraît en 1974 ; son auteur, le dissident Alexandre Soljenitsyne, expulsé d'Union soviétique, a reçu le prix Nobel en 1970. Les crimes de masse perpétrés au Cambodge par les Khmers rouges commencent en 1975 et suscitent des réactions d'horreur à l'échelle internationale. En 1979, l'URSS envahit l'Afghanistan ; or, en janvier 1980, Georges Marchais, qui se rend à Moscou, approuve cette invasion.

Dans ce contexte, la campagne qui s'ouvre fin 1980 en vue de l'élection présidentielle réserve une surprise : l'humoriste Coluche affirme vouloir se présenter et un certain nombre d'intellectuels, tels Pierre Bourdieu, Jean-Luc Godard ou Gilles Deleuze, se rallient à sa candidature. Celle-ci semble d'ailleurs attirer une partie de l'électorat : les sondages la créditent de 12 % d'intentions de vote en novembre 1980 (le premier tour de l'élection est fixé au 26 avril 1981) ;

Coluche peut dès lors représenter une menace pour la gauche officielle, mais annonce le retrait de sa candidature début avril. Au premier tour, le président sortant ne parvient pas à retrouver son score de 1974 (28,31 %) ; il devance cependant d'assez loin son rival gaulliste Jacques Chirac (17,99 %). Quant à Jean-Marie Le Pen, il n'a pas pu se présenter, faute d'avoir recueilli les signatures d'élus nécessaires à toute candidature. À gauche, François Mitterrand est bien placé, avec 25,84 % des voix. Le résultat de Georges Marchais est un véritable désastre : 15,3 %. François Mitterrand l'emporte face à Valéry Giscard d'Estaing au second tour, avec 51,75 % des suffrages exprimés. Aussitôt élu, il dissout l'Assemblée nationale et les élections législatives lui apportent une très confortable majorité (288 députés socialistes et 44 communistes sur un total de 491) : on parle de « vague rose ». La gauche triomphe, elle est au pouvoir pour la première fois sous la Ve République.

III. Deux septennats mitterrandiens

1. La gauche au pouvoir

Né en 1916, François Mitterrand a déjà une longue carrière politique derrière lui quand il devient président de la République en 1981. Lors de la campagne électorale de 1974, Valéry Giscard d'Estaing l'avait même qualifié d'« homme du passé ». Sa famille politique d'origine n'est pas à gauche : issu de la bourgeoisie catholique provinciale, il s'était engagé durant ses études de droit dans la mouvance ligueuse d'une droite extrême. Mobilisé pendant la guerre de 1939-1940, fait prisonnier, il s'évade, occupe un emploi dans le commissariat aux Prisonniers de guerre à Vichy, mais organise aussi un groupement de résistance des prisonniers de guerre et évadés au début de l'année 1943. Décoré de la francisque par Pétain en décembre 1943, il poursuit cependant son engagement dans la Résistance, à la tête d'un Rassemblement national des prisonniers de guerre et déportés. Député à trente ans en 1946, il occupe sous la IVe République de très hautes fonctions : il est notamment ministre de l'Intérieur et garde des Sceaux. Orateur brillant, homme aux goûts raffinés et politicien machiavélien, Mitterrand parvient à conquérir la direction du Parti socialiste en 1971, qu'il ne rejoint qu'à cette date, après avoir animé la Fédération de la gauche démocrate et socialiste. Lui qui avait naguère vivement critiqué les institutions de la Ve République, dans un pamphlet intitulé *Le Coup d'État permanent* (1964), il fait désormais davantage que s'y adapter : il se les approprie.

Les premières mesures de la présidence Mitterrand et du gouvernement de Pierre Mauroy, qui compte quatre ministres communistes, répondent à quelques-unes des attentes de leur électorat. Dès avant les élections législatives de juin 1981, des décisions sont prises qui, pour sociales qu'elles soient, ne sont pas dénuées de visées électorales : hausse du SMIC (+ 10 %), augmentation du minimum vieillesse, des allocations familiales et des allocations logement. Puis viennent l'abolition de la peine de mort, l'instauration d'un impôt sur les grandes fortunes, la cinquième semaine de congés payés, la retraite à soixante ans et la réduction du temps de travail de quarante à trente-neuf heures hebdomadaires sans réduction de salaire. Des nationalisations sont également réalisées, qui touchent le secteur bancaire (Compagnie de Suez, Paribas), des entreprises sidérurgiques (Usinor, Sacilor) et de grands groupes industriels (Péchiney, Rhône-Poulenc, Saint-Gobain, la Compagnie générale d'électricité et Thomson-Brandt). En 1982, la loi Defferre, du nom du ministre de l'Intérieur Gaston Defferre, amorce la décentralisation : les présidents des conseils régionaux et généraux acquièrent des pouvoirs attribués jusqu'alors aux préfets ; l'État se désengage dans certains domaines comme l'action sociale, la gestion des collèges, la construction des lycées, la formation professionnelle et l'aménagement du territoire, dont la charge revient aux départements et aux régions.

Cependant, la récession se poursuit, le chômage progresse : les demandeurs d'emploi sont 2 009 000 en décembre 1982. Dès juin 1982, une première forme de « rigueur » s'instaure, avec le blocage des prix et des salaires, tandis qu'une dévaluation du franc de 9,59 % est réalisée. À partir de 1983, la gauche au pouvoir s'engage pleinement dans une politique d'austérité, s'illustrant notamment par la désindexation des salaires et des prix (les seconds croissent désormais plus vite que les premiers), la hausse des tarifs publics et l'augmentation des cotisations sociales, décidées par Jacques Delors, ministre de l'Économie et des Finances, et par Laurent Fabius, ministre du Budget. Celui-ci devient Premier ministre en juillet 1984. À cette date en effet, Pierre Mauroy démissionne : la réforme prévue dans l'enseignement par le ministre de l'Éducation nationale Alain Savary, favorable à « un grand service public unifié et laïque de l'Éducation nationale », a engendré une levée de boucliers parmi les défenseurs de l'école privée dite « libre », lors de grandes manifestations entre janvier et juin 1984 ; celles-ci culminent dans les gigantesques cortèges du 24 juin, rassemblant un million de personnes à Paris. Le projet, pourtant, ne prévoyait pas de revenir sur les contrats d'association conclus par les municipalités avec les établissements scolaires privés.

Face à une telle contestation, Pierre Mauroy se retire. C'est un gouvernement remanié qui gère désormais le pays, avec à sa tête un jeune Premier ministre de 38 ans, normalien, agrégé de lettres classiques, énarque et ancien directeur de cabinet de François Mitterrand : Laurent Fabius apparaît véritablement comme l'homme du président. Son gouvernement est amputé des ministres communistes qui ont renoncé à leur participation ; celle-ci a été catastrophique pour leur parti : environ 120 000 adhérents l'ont quitté depuis 1982. Pour commencer, le nouveau Premier ministre tient à se débarrasser du contentieux scolaire : le projet d'Alain Savary est abandonné, et on en reste à la loi Debré qui, en 1959, avait accordé des subventions d'État aux établissements privés sous contrat. Sur le plan économique, le gouvernement demande aux services publics et aux entreprises nationalisées de s'inspirer du secteur privé et de faire preuve de compétitivité et de rentabilité. L'État procède à des restructurations industrielles dans les charbonnages, la sidérurgie et les constructions navales, conduisant à la suppression de milliers d'emplois.

2. Une expérience nouvelle : la cohabitation

Les élections législatives de 1986 montrent que le « peuple de gauche » est déçu. C'est la droite qui l'emporte. Que faire alors lorsqu'une majorité opposée au président de la République domine l'Assemblée nationale, comme c'est le cas, pour la première fois sous la Ve République ? Un pouvoir bicéphale se met en place, avec d'un côté le gouvernement disposant de la majorité parlementaire, de l'autre le chef de l'État. Le régime connaît donc une « cohabitation » entre 1986 et 1988, avec le gouvernement de Jacques Chirac. Cette expérience dyarchique est conflictuelle, François Mitterrand refusant par trois fois de signer des ordonnances ministérielles. Un partage des tâches s'établit malgré tout, le président de la République se réservant principalement le domaine de la politique extérieure (diplomatie et défense).

Jacques Chirac met en œuvre une politique de privatisations, prenant ainsi le contre-pied des mesures réalisées depuis 1981. Dans le même esprit, il supprime l'impôt sur les grandes fortunes, tandis que les licenciements sont facilités par l'abrogation de l'autorisation administrative de licenciement. Mais le gouvernement est confronté à une fronde sociale aux multiples aspects, et tout d'abord, en novembre-décembre 1986, à une très puissante mobilisation étudiante et lycéenne protestant contre le projet de loi Devaquet : Alain Devaquet, ministre de l'Enseignement supérieur et de la Recherche, propose d'accroître l'autonomie des universités, ce qui implique, à terme, sélection à l'entrée, augmentation des droits d'inscription et perte du caractère national des diplômes. Or, lors d'une de ces importantes manifestations, le 6 décembre, Malik Oussekine, un étudiant d'origine marocaine, est battu à mort par des policiers, ce qui suscite une émotion considérable dans le pays. Le gouvernement doit reculer et retirer son projet de loi. Mais ce sont aussi d'autres catégories sociales qui se mettent en grève, dans la Fonction publique (SNCF, RATP, EDF...), pour réclamer des hausses de salaires ; le gouvernement, toutefois, ne cède pas face à ces revendications, exactement contraires à sa politique libérale et de rigueur économique.

3. Un deuxième septennat

Pareils mouvements sociaux, couplés aux difficultés économiques persistantes (le chômage continue de progresser, le déficit des échanges commerciaux se creuse) et à de fortes tensions en Nouvelle-Calédonie (des indépendantistes prennent d'assaut un poste de gendarmerie sur l'île d'Ouvéa, le 22 avril 1988, tuant cinq gendarmes et en prenant vingt-sept autres en otage), rendent l'échéance électorale d'avril-mai 1988 difficile pour la majorité sortante. De fait, au premier tour de l'élection présidentielle, la droite parlementaire recule par rapport à 1981 (36,5 % contre 49,3 % à l'époque : Jacques Chirac rassemble 19,94 % et Raymond Barre, que soutient l'UDF, 16,54 % des voix). L'extrême droite confirme qu'elle compte désormais dans la vie politique française, puisque Jean-Marie Le Pen atteint le score de 14,39 %. Il dépasse largement le candidat officiel du PCF, André Lajoinie (6,76 %) et l'ancien dirigeant communiste qui se présente en concurrent, Pierre Juquin (2,10 %). Quant à François Mitterrand, il arrive en tête avec 34,09 %. Face à Jacques Chirac, c'est une nouvelle fois François Mitterrand qui remporte l'élection présidentielle. L'Assemblée nationale est dissoute, mais, contrairement à ce qui s'était produit en 1981, la gauche n'a qu'une majorité relative ; les socialistes doivent s'allier à d'autres courants pour gouverner. Michel Rocard devient Premier ministre et des ministres centristes entrent au gouvernement, auquel les communistes refusent de participer. L'une des principales mesures du gouvernement Rocard est l'instauration de la contribution sociale généralisée (CSG), impôt supplémentaire destiné à financer la Sécurité sociale : c'est le début de la « fiscalisation » de celle-ci, c'est-à-dire de son financement par l'impôt et non plus uniquement par les cotisations versées par les salariés et les employeurs. Michel Rocard crée aussi le revenu minimum d'insertion (RMI) qui doit mêler l'assistance et l'insertion : cependant la seconde est bien difficile à réaliser, dans un pays qui compte désormais 2 500 000 chômeurs.

À partir de l'automne 1990, la France se confronte à une guerre, la guerre « du Golfe », conflit extrêmement médiatisé où la désinformation vient parfois brouiller l'explication des enjeux. Le 2 août 1990, le président irakien Saddam Hussein, jusque-là soutenu par les gouvernements américains et français, ordonne à ses troupes d'envahir le Koweït. Dès lors, en novembre, le conseil de sécurité de l'ONU autorise le recours à la force contre l'Irak. Très peu nombreux par rapport aux 300 000 hommes des troupes américaines et à un total de 600 000 hommes dans la force multinationale, les quelque 10 000 soldats français mobilisés sont uniquement des militaires professionnels, le recours au contingent ayant été exclu. Tout un courant pacifiste s'organise alors pour dire son refus de la guerre, dans le cadre de grandes manifestations ; ce mouvement est composé de militants de gauche et d'extrême gauche (PCF, organisations trotskistes), d'intellectuels comme le philosophe Régis Debray, le sociologue Pierre Bourdieu ou l'historienne Madeleine Rebérioux, et d'autres personnalités, comme l'avocate Gisèle Halimi, le chanteur Renaud ou l'évêque Jacques Gaillot. Opposé à la participation de la France dans ce conflit, le ministre de la Défense lui-même, Jean-Pierre Chevènement, démissionne : la situation est pour le moins inédite. Sauf exception, la droite soutient en revanche l'intervention. C'est le cas aussi, d'après les nombreux sondages réalisés alors, d'une majorité croissante de Français, jusqu'à 81 %. La phase aérienne de la guerre débute en janvier 1991, avec l'opération « Tempête du désert », et l'intervention terrestre en février ; après la déroute des troupes irakiennes, le cessez-le-feu est rapidement décrété, le 28 février. Cette guerre et la victoire sur laquelle elle a débouché ont contribué à redresser la cote de popularité de François Mitterand et à créer une sorte d'unanimité nationale, moment rare dans des circonstances sociales, politiques et économiques toujours tendues.

En mai 1991, François Mitterrand remplace Michel Rocard par Édith Cresson, qui devient ainsi la première femme Premier ministre. Mais, très impopulaire, elle est à son tour contrainte de céder la place, en l'occurrence à Pierre Bérégovoy, en avril 1992. Un an plus tard, le 1er mai 1993, celui-ci se donne la mort. La gauche vient à nouveau de perdre les élections législatives et Pierre Bérégovoy lui-même a été confronté à diverses « affaires ».

4. Fin de règne et bilan du mitterrandisme

Les « affaires » : leurs révélations se font fréquentes, éclaboussant la droite comme la gauche : abus de biens sociaux, délits d'initiés, fausses factures et commissions occultes, écoutes téléphoniques téléguidées par l'Élysée. Des scandales d'une autre nature, plus grave encore, défraient la chronique. À l'été 1985 éclate l'affaire du « Rainbow Warrior », navire de l'association écologiste Greenpeace coulé par les services secrets français ; l'ordre en avait été donné par François Mitterrand lui-même : l'organisation voulait empêcher les essais nucléaires français sur l'atoll de Mururoa ; or, il y a mort d'homme, celle d'un photographe travaillant pour Greenpeace. Surgit aussi, en octobre 1991, l'affaire « du sang contaminé », dont les faits remontent à 1985 : ce sang, non testé, a été transfusé à des personnes hémophiles : 1 250 ont ainsi été contaminées par le virus du sida, et 289 sont déjà décédées. Le Premier ministre de l'époque, Laurent Fabius, et deux de ses ministres, Georgina Dufoix et Edmond Hervé, sont inculpés ; ils ont en fait voulu laisser le temps à l'Institut Pasteur d'arriver sur ce « marché » pour concurrencer le laboratoire américain Abbott, déjà en possession du test : des produits sanguins infestés par le virus ont donc été transfusés en toute connaissance de cause.

Du point de vue social et économique, la gauche n'a pas atteint ses objectifs. Le chômage n'a cessé de progresser, franchissant le seuil des trois millions de demandeurs d'emploi en novembre 1992, et la croissance est devenue particulièrement faible, voire négative (+ 0,6 % en 1991, + 1,2 % en 1992, - 0,8 % en 1993). S'y ajoutent la rigueur budgétaire et la modération salariale. Sous les gouvernements Rocard, Cresson et Bérégovoy, une très vive agitation sociale fait face au pouvoir ; or, celui-ci a parfois recours à des méthodes qu'on n'aurait pas imaginé de la part de la gauche : appel à l'armée pour disperser les manifestants, sanctions disciplinaires nombreuses, déblocage par la force des centres de tri postal en grève, et même brutalités policières contre des infirmières mobilisées. Une telle politique s'accompagne de profonds changements idéologiques, désormais assumés : le Parti socialiste se rallie définitivement au système économique en place ; « le capitalisme borne à présent notre horizon historique », affirme son projet en 1991.

Sous l'angle culturel, on retiendra de l'héritage mitterrandien les innovations du ministre de la Culture Jack Lang (intervention publique accrue ; subventions nombreuses accordées à la création artistique ; nouvelles manifestations comme la Fête de la musique ou les journées du patrimoine). Une politique de grands travaux a aussi été impulsée directement par la présidence : pyramide du Louvre, Opéra Bastille, Cité des sciences et de l'industrie à La Villette, Grande Arche de la Défense, Bibliothèque nationale de France.

Mais c'est la construction européenne qui demeure le grand projet mitterrandien. Le président de la République soumet à référendum la ratification du traité de Maastricht, le 20 septembre 1992. Ce traité confère à l'Union européenne sa dimension politique ; il prévoit aussi l'instauration d'une monnaie unique et a comme objectif « l'économie de marché ouverte où la concurrence est libre ». Considérant cette Europe-là comme capitaliste et bureaucratique, l'extrême gauche (même si Lutte ouvrière prône l'abstention) et le PCF se prononcent pour le « non », ainsi que quelques socialistes minoritaires, avec Jean-Pierre Chevènement qui vient de fonder le Mouvement des citoyens. La droite, quant à elle, se divise : alors que Jacques Chirac se rallie au « oui », la plus grande partie du RPR ne le suit pas ; Charles Pasqua, ancien ministre de l'Intérieur du gouvernement Chirac en 1986-1988, et Philippe Séguin se font les champions du « non » au sein du RPR. Un « non » souverainiste est donc porté par une partie de la droite et par l'extrême droite : Jean-Marie Le Pen fait lui aussi campagne pour le rejet. Le « oui » l'emporte finalement, mais il ne bénéficie que d'une très courte victoire (51,04 %). Dès lors, c'est un semi-échec pour François Mitterrand, en raison notamment de la division sociale révélée par le référendum : le « non » a surtout été un vote populaire, émanant des ouvriers et des agriculteurs, tandis que les cadres et professions libérales ont très majoritairement voté « oui ».

La deuxième cohabitation (1993-1995), dénommée « cohabitation de velours » (même si, dit François Mitterrand, « les griffes, rentrées ou sorties, sont toujours là »), constitue surtout un prolongement des politiques menées précédemment. Le gouvernement d'Édouard Balladur s'inspire certes de la première cohabitation, avec force privatisations, mais poursuit aussi l'œuvre des deux gouvernements de gauche antérieurs, puisque ces derniers avaient procédé à quelques privatisations, totales ou partielles (Elf-Aquitaine, Total, Rhône-Poulenc).

5. Chômage, xénophobie, mal des « banlieues » : le sombre trio de la crise

Ni la gauche ni la droite ne sont parvenues à lutter efficacement contre la crise. L'industrie perd de très nombreux emplois, près de 800 000 entre 1982 et 1990, principalement dans le bâtiment, le textile, la métallurgie de base et la construction mécanique. Des régions entières sont sinistrées, comme le Valenciennois ou la Lorraine. Au milieu des années 1960, celle-ci produisait les deux tiers de l'acier français. Mais la productivité apparaît insuffisante et les sites, obsolètes : les fermetures d'usines et les vagues de licenciements se succèdent.

Une situation si grave sur le front de l'emploi engendre presque mécaniquement des réactions d'ordre raciste. En 1980, il y a en France 3 680 000 étrangers, dont 43 % d'origine africaine et notamment maghrébine : c'est sur cette catégorie en particulier que se concentre la xénophobie. Sur le thème de la « préférence nationale », on assiste au cours des années 1980 à la spectaculaire percée électorale du Front national. Alors qu'il n'atteignait jamais 1 % des suffrages avant 1981, le voilà réalisant des scores dépassant les 10 %. Marie-France Stirbois est élue même à Dreux en décembre 1989 avec 61,30 % des voix au second tour de l'élection législative partielle.

Mais la gauche et la droite mènent elles aussi une politique de plus en plus dure à l'égard de l'immigration. Dès 1983, la législation permet la reconduite à la frontière, en urgence, d'étrangers présents sur le sol français de manière irrégulière, et un décret de décembre 1984 rend plus difficile encore le regroupement familial. La loi Pasqua de 1986 se fait très restrictive (il faut justifier de ressources suffisantes pour entrer en France et les reconduites à la frontière peuvent désormais être décidées par les préfets, et non plus seulement par un tribunal), et la seconde loi Pasqua de 1993 est très suspicieuse à l'égard de tous les entrants (souvent vus comme « faux » demandeurs d'asile, « faux » étudiants, ou encore contractant des mariages « blancs »). L'expulsion des immigrés se réalise par charters, là encore sous les gouvernements de droite comme de gauche. Mais un mouvement politique s'organise aussi qui entend défendre les populations immigrées. En 1981, la « marche des Beurs » connaît un grand succès et en 1984 est créée l'association « SOS Racisme » qui prend pour slogan « Touche pas à mon pote ». L'année 1996 est marquée par de fortes mobilisations, pour la première fois très médiatisées, de ceux qu'on appelle désormais les « sans-papiers ».

Souvent associé au thème de l'immigration, le « mal des banlieues » s'en distingue pourtant ; il est vrai que dans les quartiers « sensibles » vit notamment une population d'origine immigrée, mais la plupart des jeunes touchés par la précarité des conditions de vie sont de nationalité française, enfants de la deuxième et même de la troisième génération de l'immigration. Au cours des années 1980, 80 % des Français sont citadins. Les banlieues des grandes villes surtout se sont développées à vive allure, la construction de logements a atteint des niveaux records tout au long des années 1970, mais il s'agit pour beaucoup de « grands ensembles » formés de barres et de tours sans âme. Les violences urbaines deviennent un thème médiatique surtout à partir de 1981 et les échauffourées des Minguettes près de Lyon, de Vaulx-en-Velin en 1990 et de Mantes-la-Jolie en mai-juin 1991. La violence sociale que ces jeunes subissent engendre de leur part une violence physique : affrontements avec les forces de l'ordre, incendies de voitures, dégradations. Un titre résume cette tension : *La Haine,* du nom d'un film de Mathieu Kassovitz (1995) qui montre avec nuances et sans caricature la vie de ces « jeunes de banlieue », comme on les catégorise désormais.

Selon l'historien Jacques Marseille, du point de vue économique, les années 1973-1995 sont tout aussi « glorieuses » que les précédentes : la production, la consommation, la croissance ne déclinent pas. Jean-Charles Asselain, lui aussi, souligne qu'il y a là bien davantage ralentissement de la croissance que profonde dépression comme dans les années 1930.

Mais crise il y a bien, cependant, du point de vue social. L'augmentation du chômage est spectaculaire, ainsi que le développement de nouvelles formes de pauvreté : en témoignent l'émergence des « sans domicile fixe » et la création par Coluche, en 1984, des Restaurants du cœur. Entre le début des années 1980 et la fin des années 1990, le nombre d'allocataires du RMI est passé de 400 000 à 1,2 million. Les décennies 1980 et 1990 ont été marquées par de nouvelles inquiétudes. La France entre dans le troisième millénaire avec de nombreux espoirs déçus.

« L'informe musique de la chaîne, le glissement des carcasses grises de tôle crue, la routine des gestes : je me sens progressivement enveloppé, anesthésié. Le temps s'arrête. Trois sensations délimitent cet univers nouveau. L'odeur : une âpre odeur de fer brûlé, de poussière de ferraille. Le bruit : les vrilles, les rugissements des chalumeaux, le martèlement des tôles. Et la grisaille : tout est gris, les murs de l'atelier, les carcasses métalliques des 2 CV, les combinaisons et les vêtements de travail des ouvriers. Leur visage même paraît gris, comme si s'était inscrit sur leurs traits le reflet blafard des carrosseries qui défilent devant eux. [...] Chacun a ainsi, pour les gestes qui lui sont impartis, une aire bien définie quoiqu'aux frontières invisibles : dès qu'une voiture y entre, il décroche son chalumeau, empoigne son fer à souder, prend son marteau ou sa lime et se met au travail. Quelques chocs, quelques éclairs, les points de soudure sont faits, et déjà la voiture est en train de sortir des trois ou quatre mètres du poste. Et déjà la voiture suivante entre dans l'aire d'opération. Et l'ouvrier recommence. Parfois, s'il a travaillé vite, il lui reste quelques secondes de répit avant qu'une nouvelle voiture se présente. [...] Quel esprit, quel corps peut accepter sans un mouvement de révolte de s'asservir à ce rythme anéantissant, contre nature, de la chaîne ? »

Robert Linhart, *L'Établi*, Paris, Éditions de Minuit, 1977

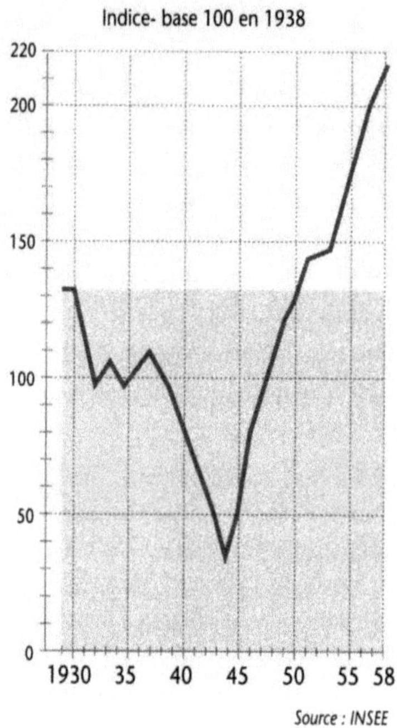

Figure 6. Production industrielle

Chapitre VIII

Et maintenant ? La France des années 2000

En ces premières années du XXIe siècle, qu'en est-il désormais des valeurs que représentaient, cent ans plus tôt, la République et la laïcité, le patriotisme et la défense de la nation, la place de la France dans le monde ? Qu'en est-il de la division gauche/droite qui a marqué de son sceau la vie politique depuis la Révolution française ?

Depuis 1962 et la fin de la guerre d'Algérie, la France semble être entrée dans une ère pacifiée, du moins sur son territoire. La chute du mur de Berlin en 1989 et celle de l'Union soviétique au début des années 1990 ont mis fin à près d'un demi-siècle de guerre froide. Les mentalités en ont été profondément transformées. Mais des conflits périphériques ont à nouveau entraîné la France dans la guerre : interventions en Irak, au Kosovo, en Afghanistan, en plus de l'Afrique où elles ont toujours été fréquentes.

Les querelles « franco-françaises » n'ont pas cessé elles non plus. Les mobilisations sociales se sont perpétuées au cours de la dernière décennie. Elles sont le signe d'une combativité toujours à l'œuvre, en particulier chez les salariés ultra-majoritaires dans la population française, au moment où sont remis en cause bon nombre d'acquis sociaux issus principalement du Front populaire et de la Libération.

I. La société française à l'aube du XXIe siècle

1. Bilan démographique et social

La France compte aujourd'hui un peu plus de 61 millions d'habitants. En cinquante ans, la population française s'est accrue de plus de 40 %. C'est là une croissance sans précédent et le résultat d'une combinaison de facteurs : hausse brutale des naissances à partir de 1943 et fécondité très élevée jusqu'au milieu des années 1960, baisse régulière de la mortalité et augmentation continue de l'espérance de vie (83 ans pour les femmes et 75,5 pour les hommes), soit une hausse d'environ treize années en cinquante ans. La mortalité infantile (enfants de moins d'un an) a pour sa part beaucoup régressé, elle n'est plus que de 4,6 ‰, alors qu'elle s'élevait à 70 ‰ en 1939. Quant à l'immigration, elle évolue : depuis le début des années 1980, elle s'est féminisée, du fait du regroupement familial ; les origines se sont modifiées (fort ralentissement des arrivées d'Italiens, Espagnols et Portugais, augmentation des flux de personnes venues du Maghreb, d'Asie du Sud-Est et de l'Afrique subsaharienne). La France compte 3,3 millions d'étrangers.

En 2002, la population active se répartit comme suit : 4 % dans l'agriculture, 24 % dans l'industrie et 72 % dans le tertiaire. Ces chiffres ne signifient pas, pourtant, une « fin des ouvriers » : ceux-ci, au nombre de 6,2 millions, représentent toujours 30 % de la population active ; c'est le groupe le plus nombreux, à égalité avec les employés. Sociologiquement, la « classe ouvrière » ne disparaît donc pas, bien loin de là, mais elle se déplace, du secondaire au tertiaire : ce secteur emploie deux ouvriers sur cinq, comme manutentionnaires, magasiniers, chauffeurs, dans les services de nettoyage également. La situation des employés est, quant à elle, hétérogène, mais il faut noter que 75 % d'entre eux sont embauchés sur des postes non qualifiés. Les cadres, pour leur part, représentent 13 % de la population active ; dans la deuxième moitié du XXe siècle, c'est la seule catégorie socio-professionnelle qui ait réellement progressé (ils n'étaient que 5 % en 1960).

Les conditions de travail se sont elles aussi modifiées. Les entreprises veulent réduire leurs coûts de production par tous les moyens, en particulier par l'individualisation des salaires : les « primes » prennent une proportion croissante dans le salaire, et obligent le salarié à une productivité accrue. Dans le cadre d'une internationalisation de la production, les entreprises cherchent de plus en plus à s'implanter sur les marchés étrangers, en « délocalisant » tout ou partie de leurs activités, ce qui conduit à des vagues de licenciements massifs qui, comme chez Michelin, Lu, Metaleurop, Daewoo ou Air Liberté, au cours des années 1999-2005, engendrent le désarroi parmi les salariés touchés.

De plus, les politiques publiques contribuent à modifier les conditions de travail, souvent au prix de leur détérioration. Depuis 1983, tous les gouvernements pratiquent une politique de « désinflation compétitive », qui se traduit par la désindexation des salaires par rapport au coût de la vie (ralentissant fortement la progression du pouvoir d'achat) et par la précarisation du travail (contrats à durée déterminée – aujourd'hui, 7 embauches sur 10 se font avec ce type de contrats –, temps partiel imposé, intérim...).

2. Une société toujours inégalitaire

Si les inégalités sociales se sont réduites par rapport au début du XXe siècle, elles demeurent cependant très réelles et se sont creusées depuis le début des années 1980.

La tendance au rapprochement des revenus a cessé : alors que vers 1960, un ouvrier pouvait escompter qu'en une trentaine d'années, son salaire aurait virtuellement rattrapé celui des cadres, ce temps de rattrapage est aujourd'hui estimé à trois cents ans ! En 2004, la France compte 2,3 millions de « smicards », soit 16 % de la population active. À l'opposé, entre 2003 et 2005, le nombre de milliardaires (ceux dont la fortune professionnelle est supérieure à un milliard d'euros) est passé de 18 à 34, et le montant total des 500 premières fortunes de France, de 125 à 175 milliards d'euros.

De manière significative en 1995, Jacques Chirac mène campagne sur la « fracture sociale », thème jusque-là spécifique à la gauche : la notion d'« exclusion » surgit à la faveur des circonstances, celles d'une hausse impressionnante du chômage (3 % de la population active en 1974, 11 % aujourd'hui), avec 3 millions de chômeurs, d'après les statistiques officielles, et même 5 à 7 millions de sans-travail. Les jeunes et les étrangers sont les premiers à souffrir de cette situation : parmi les personnes de moins de 29 ans, le chômage des Français de naissance s'élève à 16 %, mais il est de 26 % chez les étrangers. Les disparités selon l'origine sont encore plus importantes : le chômage touche 40 % des personnes originaires du Maghreb et d'Afrique noire.

Les étrangers en France connaissent des situations diverses, mais une chose est sûre : les politiques publiques à leur égard se font de plus en plus sévères. En décembre 1996, la loi Debré durcit encore la répression à l'égard des immigrés : les étrangers en situation irrégulière présents depuis plus de quinze ans peuvent désormais être expulsés et le renouvellement de la carte de séjour de dix ans n'est plus automatique ; en outre, toute personne ayant accueilli un étranger doit le signaler à la police. En riposte, un appel à la désobéissance civique est lancé par plusieurs dizaines de cinéastes et des dizaines de milliers de signatures sont recueillies pour le retrait de cette loi. Mais le gouvernement Jospin ne l'abroge pas et se contente de régularisations ponctuelles et très encadrées.

Les inégalités continuent de se transmettre d'une génération à l'autre, et sont très présentes à l'école et à l'université. Désormais, au collège, la quasi-totalité des élèves effectue les quatre années du cycle ; mais si 80 % des enfants de cadres et d'enseignants entrés en sixième en 1989 ont réalisé un cycle complet sans redoublement et si 90 % d'entre eux ont accédé à un second cycle général ou technologique, ces pourcentages ne sont respectivement que de 53 % et 42 % pour les enfants d'ouvriers. De semblables inégalités se retrouvent au lycée, opposant enseignement long, d'une part, et filières courtes de l'enseignement professionnel, d'autre part. Enfin, moins de 25 % des jeunes dont les parents sont ouvriers ou employés peu qualifiés décrochent un diplôme de l'enseignement supérieur, contre 80 % des jeunes dont les parents sont cadres, enseignants ou exercent des professions libérales.

Au cœur de ces évolutions, l'une des principales mutations sociales et culturelles concerne la place des femmes dans la société. Désormais, huit femmes âgées de 30 à 54 ans sur dix travaillent. Les femmes n'ont cessé de conquérir de nouveaux droits par la loi. La loi sur la parité en politique (1999) a cependant suscité un débat ; les tenants de l'universalisme républicain s'y sont opposés : pour eux, la loi n'a pas à instaurer des quotas d'ordre sexué ; c'est là amarrer, selon eux, la femme à sa seule condition féminine. Les partisans de la parité rendue obligatoire par la loi estiment pour leur part que c'est un moyen important pour l'accès des femmes aux responsabilités politiques. Mais au-delà de la législation, c'est son application qui continue à poser de réelles difficultés. On constate en effet le maintien des inégalités selon le sexe, au détriment des femmes, particulièrement frappantes dans le monde du travail : l'écart de rémunération entre hommes et femmes s'élève toujours à 27 %, et celles-ci, bien qu'accédant à un très large éventail de professions, peinent encore à obtenir des postes à responsabilité. En revanche, elles sont souvent contraintes d'accepter des emplois plus précaires. Enfin, les violences faites aux femmes constituent un phénomène toujours important (les plaintes pour viols, violences conjugales et harcèlement sexuel sont en constante augmentation, ce qui traduit aussi une volonté de ne plus les passer sous silence).

3. Évolutions culturelles et spirituelles

Malgré ces inégalités, une tendance lourde peut aussi être constatée : l'augmentation générale du niveau de vie en France sur le long terme. La consommation des ménages n'a cessé de progresser depuis les années 1960, surtout en matière de biens et services de communication, de santé, de logement, de transport, de loisirs et de culture ; les dépenses traditionnelles (habillement et alimentation) ont progressé moins vite, quant à elles.

Cette modification des conditions de vie s'est accompagnée de changements au sein de la cellule familiale. Le nombre de mariages a continûment chuté jusqu'au milieu des années 1990, tandis que le nombre de naissances hors mariage et de divorces ne cessait de croître. On assiste cependant, depuis quelques années, à un retournement de la conjoncture, tant pour la fécondité que pour la nuptialité. Alors que, entre 1945 et 1995, la fécondité a été divisée par deux, jusqu'à atteindre 1,7 enfant par femme au milieu des années 1990 contre 3 entre 1945 et 1975, un redressement s'opère : le nombre de naissances augmente de nouveau, et l'indice de fécondité s'établit désormais à 1,88 enfant par femme, ce qui place la France au premier rang de l'Union européenne. Cette évolution s'explique en partie par le développement des politiques publiques en faveur de la petite enfance, même si bien des efforts restent à faire en ce domaine, en termes de places dans les institutions collectives comme les crèches, par exemple. Quant aux mariages, ils progressent (253 000 en 1994, 303 500 en 2001) et ce malgré la mise en place d'un autre type de contrat, le Pacte civil de solidarité (PACS) en novembre 1999. Celui-ci permet notamment aux couples homosexuels de s'unir légalement, signe d'une réelle évolution des mœurs. L'identité homosexuelle est désormais revendiquée, par exemple dans des manifestations comme la « Gay Pride », mais l'homophobie est loin d'être éradiquée. Il n'y a pas de crise de la famille. Celle-ci constitue toujours un idéal aux yeux des Français : c'est du moins ce que montrent les enquêtes d'opinion.

En revanche, la situation de la religion semble précaire. Certes, 69 % des Français se déclarent catholiques, mais 56 % seulement affirment croire en Dieu et 38 % en une vie après la mort. De surcroît, parmi ceux qui se disent catholiques, 10 % seulement sont des pratiquants réguliers. Les baptêmes sont en constante diminution : en 1960, 92 % des enfants étaient baptisés ; ils sont 52 % aujourd'hui. Mais on assiste aussi à un renouvellement des pratiques religieuses, en particulier chez les jeunes, comme en témoigne le succès des Journées mondiales de la jeunesse (JMJ) organisées à Paris en 1997, en présence du pape Jean-Paul II. La mort de ce dernier, en avril 2005, suscite une vague de ferveur chez de nombreux catholiques, mais beaucoup rappellent aussi qu'il a condamné l'homosexualité, la contraception, l'avortement et la procréation artificielle.

L'islam est à présent la deuxième religion de France avec 5 millions de fidèles (parmi lesquels 42 % se disent « croyants » et 36 % « croyants et pratiquants »). Or, si la République fait désormais consensus dans la classe politique française, la laïcité engendre toujours des débats parfois virulents quant à ses applications concrètes, et c'est l'islam qui constitue le principal axe des controverses. Ainsi, par deux fois, en 1989 et en 2004, des affaires de « voile » porté par des jeunes filles musulmanes à l'école ont provoqué de violentes prises de position et l'exclusion de ces élèves hors des établissements scolaires publics qu'elles fréquentaient. Depuis 2004, la loi interdit les « signes religieux ostensibles » à l'école. L'État intervient aussi bien davantage dans l'organisation des cultes : la Conférence des évêques de France, la Fédération protestante, le Consistoire central (juif) sont devenus des interlocuteurs privilégiés, et le ministre de l'Intérieur Nicolas Sarkozy a mis en place en décembre 2002 une nouvelle instance, le Conseil français du culte musulman, en vue d'instaurer un dialogue entre les pouvoirs publics et les principales composantes de la « communauté » musulmane.

II. Les aléas de la vie politique française

1. Réformes politiques et luttes sociales

La présidence de Jacques Chirac, depuis 1995, le confirme : les gouvernements successifs opèrent des « réformes », qui consistent essentiellement à modifier les acquis collectifs – réforme de la Sécurité sociale, réforme des retraites remettant en question le système par répartition au profit de l'« épargne salariale » (capitalisation) et imposant l'augmentation du nombre d'annuités, libéralisation des services publics désormais ouverts à la concurrence. En novembre-décembre 1995, un mouvement social de grande ampleur (plus de 2 millions de manifestants le 12 décembre et une France largement paralysée par la grève) se déroule contre la réforme du financement de la Sécurité sociale présentée par le Premier ministre Alain Juppé et contre la remise en cause des régimes spéciaux de retraite.

Ce qui frappe, c'est que de telles politiques sont menées tout autant par la gauche que par la droite. Si donc la bipolarisation gauche/droite existe toujours dans la vie politique française, ses effets s'atténuent dans la pratique. La dissolution de l'Assemblée nationale par le président Chirac le 21 avril 1997 conduit ainsi à la victoire de la « gauche plurielle » (PS, PCF, Verts) aux élections législatives de juin. Cette troisième cohabitation inverse les rôles puisque, entre 1997 et 2002, c'est un gouvernement de gauche, dirigé par le socialiste Lionel Jospin, qui « cohabite » avec un président de droite, Jacques Chirac. Mais un paradoxe apparaît lorsque Lionel Jospin privatise davantage que les deux gouvernements de droite (Balladur et Juppé) qui l'ont précédé. Pour lutter contre le chômage, ce gouvernement crée des « emplois-jeunes » ; cependant, ceux-ci sont moins bien rémunérés, à travail égal, que les autres emplois. Par la loi sur les « 35 heures », il diminue le temps de travail ; mais en même temps, il instaure son annualisation (la référence cesse d'être hebdomadaire) et une flexibilité accrue.

C'est dès lors le projet socialiste qui est bousculé, de la part notamment d'un parti qui en porte pourtant toujours l'épithète. Lors de la campagne présidentielle, Lionel Jospin déclare le 21 février 2002 : « Je suis socialiste d'inspiration mais le projet que je propose au pays, ce n'est pas un projet socialiste ». Il contribue en outre à axer la campagne électorale sur le thème de l'« insécurité », en affirmant à plusieurs reprises que celle-ci a progressé, en rappelant que son gouvernement a nommé plus de policiers et en annonçant qu'il va mener une action résolue en ce sens. Évoquant l'entreprise publique EDF, il indique envisager l'ouverture de son capital, c'est-à-dire, en définitive, l'esquisse de sa privatisation.

Lors du premier tour, le 21 avril, l'abstention s'élève à 28 %. Le président sortant, Jacques Chirac, recueille moins de 20 % des suffrages exprimés et Lionel Jospin, 16 %. Pour les socialistes, c'est une catastrophe électorale qui solde une expérience gouvernementale de cinq années. Au lieu du duel Chirac-Jospin attendu comme une évidence, c'est Jean-Marie Le Pen qui se hisse au second tour, avec 16,88 % des voix. Toute la classe politique, à l'exception de quelques organisations d'extrême gauche comme Lutte ouvrière et le Parti des travailleurs, appelle à voter pour Jacques Chirac contre Jean-Marie Le Pen ; Chirac est réélu avec plus de 80 % des voix au second tour.

Cette élection de 2002 met fin à cinq années de cohabitation ; elle ouvre aussi le premier quinquennat présidentiel de la Ve République (la réforme remplaçant le septennat par un quinquennat a été approuvée par référendum le 24 septembre 2000). Le nouveau Premier ministre, Jean-Pierre Raffarin, dit vouloir s'adresser à « la France d'en bas ». Mais en mai-juin 2003, une forte mobilisation sociale, touchant principalement le secteur public, s'oppose, en vain, à la réforme des retraites. L'année suivante, un mouvement de moindre ampleur concerne à nouveau le système de santé et son financement, tandis que les salariés d'EDF manifestent contre l'ouverture du capital de l'entreprise.

La situation internationale fait naître elle aussi une puissante mobilisation : des manifestations massives ont lieu contre la guerre américano-britannique en Irak, déclenchée en mars 2003. Mais elles sont moins nombreuses que dans d'autres pays comme la Grande-Bretagne et l'Italie, car la France ne participe pas à l'intervention militaire et en appelle à l'ONU : cette décision accroît la cote de popularité du président Jacques Chirac qui, d'après les instituts de sondage, passe de 54 % d'opinions favorables en mai 2002 à 75 % en mars 2003. À cette occasion, la diplomatie française montre qu'elle peut encore jouer un rôle non négligeable : il s'agit surtout de faire prévaloir le « multilatéralisme » face à la toute-puissance américaine.

Cependant l'indice de popularité du président de la République connaît ensuite une chute libre en 2004 et surtout 2005. L'échec du référendum organisé par Jacques Chirac pour l'adoption du traité constitutionnel européen (55 % de « non »), le 29 mai 2005, entérine cette chute. C'est dire que la question européenne prend une place désormais décisive dans le débat politique.

2. La « construction européenne »

La « construction européenne » est tout à la fois un processus politique et économique en partie liée à la mondialisation croissante des échanges et aux tensions qu'elle engendre. Mais la structure européenne est aussi contraignante et pèse sur les politiques. En instaurant la monnaie unique, l'euro, le 1er janvier 2002, les pays de l'Union européenne ont renoncé à leur autonomie monétaire. L'Europe a tout à la fois une organisation monétaire commune, régie par la Banque centrale européenne, et des politiques budgétaires demeurant nationales. Dès lors, des problèmes surgissent périodiquement à propos des finances publiques. Tous les pays de l'Union européenne doivent respecter un Pacte de stabilité et de croissance (PSC) : leur déficit public ne doit pas excéder 3 % de leur produit intérieur brut (PIB). C'est dans ce cadre qu'en avril 2003, la Commission européenne rappelle la France à l'ordre et lance contre elle une procédure dite « de déficit excessif ».

Dans un tel contexte, la « construction européenne » avance avec des difficultés grandissantes. En 1992, le référendum sur le traité de Maastricht avait vu le « oui » l'emporter de peu. En 2005, le rejet du libéralisme économique de l'Union européenne par une majorité de la gauche fait pencher la balance de l'autre côté : tandis que, selon les sondages, l'électorat du PS avait voté « oui » à 95 % lors du référendum sur le traité de Maastricht, il a voté « non » à plus de 55 % sur le projet de traité constitutionnel, prônant la « concurrence libre et non faussée » ; avec le « non » du Parti communiste et de l'extrême gauche, le « non de gauche », le 29 mai 2005, dispose ainsi d'une majorité relative. Mais le « non » est aussi le fait d'une partie de la droite souverainiste (Charles Pasqua, Philippe de Villiers) et de l'extrême droite nationaliste (le Front national). Les résultats du 29 mai 2005 montrent aussi que, de toute évidence, le référendum ne constitue plus une question de confiance aux yeux du président de la République, comme cela se passait sous de Gaulle, puisque Jacques Chirac, malgré cet échec, demeure au pouvoir.

3. Le vote des Français et la structuration de la vie politique

La politique intéresse-t-elle encore les Français ? L'abstention électorale, en tout cas, ne cesse de battre des records et dépasse régulièrement les 30 % (jusqu'à 53 % lors des élections européennes de juin 1999). Dans ce cadre, le Parti socialiste d'un côté, l'UMP de l'autre, dominent la vie politique française.

Immédiatement après le premier tour de l'élection présidentielle d'avril 2002 a été fondé, pour soutenir Jacques Chirac, un « grand parti de la droite et du centre-droit », l'Union pour la majorité présidentielle (UMP), devenue en novembre l'Union pour un mouvement populaire. Ce parti rassemble les adhérents du RPR qui disparaît à cette occasion, mais aussi quelques-uns venus de l'UDF et de Démocratie libérale. C'est le parti majoritaire en France depuis les élections législatives de 2002. Les querelles internes n'en sont pas absentes, comme le montrent les escarmouches régulières qui opposent Jacques Chirac et Nicolas Sarkozy (ministre de l'Intérieur puis de l'Économie entre 2002 et 2004, à nouveau ministre de l'Intérieur à partir de juin 2005 dans le gouvernement de Dominique de Villepin) : c'est, au-delà des questions de personnes, la manifestation de projets qui diffèrent sensiblement, Nicolas Sarkozy représentant le libéralisme le plus affirmé tandis que Jacques Chirac incarne toujours un néo-gaullisme qui néanmoins bat de l'aile.

Le Parti socialiste, pour sa part, est devenu le pôle structurant de la gauche, autour duquel gravitent les Verts (parti écologiste fondé en 1984) et le PCF. Outre sa mutation politique, déjà évoquée, le PS connaît, de manière indissociable, une profonde modification sociologique : les ouvriers ne représentent plus que 12 % de ses adhérents en 2000, alors qu'ils étaient 43 % en 1950. Les tensions en son sein surgissent régulièrement. La plus récente a lieu en 2005 : la direction du parti, menée par François Hollande, appelle à voter « oui » au référendum sur le projet de traité constitutionnel européen, mais certains dirigeants, Laurent Fabius, Henri Emmanuelli et Jean-Luc Mélenchon, se prononcent pour le vote « non ».

Le PS a profité, depuis les années 1970, de l'affaiblissement continu du Parti communiste. L'influence de celui-ci est en baisse constante, accélérée surtout depuis la chute du mur de Berlin et l'effondrement de l'URSS. Le PCF ne parvient plus à franchir le seuil de 10 % des voix aux élections législatives (9,2 % en 1993, 9,9 % en 1997). Son candidat à l'élection présidentielle de 2002, Robert Hue, réalise un score catastrophique : 3,37 %. Ce parti a en outre perdu, lors des élections municipales de 2001, 23 des 74 villes de plus de 15 000 habitants qu'il détenait, notamment dans la banlieue parisienne « rouge ». Il connaît un vieillissement de ses adhérents : seuls 10 % ont moins de trente ans, mais un quart a plus de soixante ans. En outre, il est lui aussi marqué par l'éloignement des ouvriers.

À la bipolarisation de la vie politique française s'ajoute une montée des formations situées aux extrêmes de l'échiquier politique. Le vote pour le Front national est un vote protestataire plus que d'adhésion totale à l'idéologie de ce parti, qui est non seulement sécuritaire et xénophobe, mais dont le programme ne se distingue pas d'un libéralisme économique fustigeant l'intervention de l'État et la protection sociale et vantant au contraire l'économie de marché et l'entreprise privée. Le Front national rassemble environ 50 000 adhérents et est implanté sur l'ensemble du territoire français, quoique son influence soit plus forte dans le sud de la France où il a dirigé quatre villes : Marignane, Orange, Toulon et Vitrolles.

Abandonné par les partis qui se disaient jadis marxistes, le PS et le PCF, le projet socialiste, au sens d'une rupture avec le système capitaliste et d'une socialisation des moyens de production, est encore porté par des formations politiques se réclamant du mouvement ouvrier, Lutte ouvrière (LO), la Ligue communiste révolutionnaire (LCR) et le Parti des travailleurs (PT), qui comptent chacun plusieurs milliers d'adhérents pour la plupart très actifs. La première réalise surtout un travail militant dans les entreprises, la deuxième connaît un rajeunissement de sa base, le troisième s'adresse surtout aux syndicalistes, mais la sociologie de leur recrutement est principalement fondée sur le secteur public, et tout particulièrement sur les enseignants. Lors des élections présidentielles de 2002, leurs scores sont en nette progression : Arlette Laguiller pour LO obtient 5,71 % des voix et Olivier Besancenot pour la LCR 4,24 % (Daniel Gluckstein, pour le PT, ne recueille que 0,46 % des suffrages). Ils alternent des politiques d'alliance (programme commun lors des élections régionales et européennes de 2004) et d'éloignement : LO fait alors souvent cavalier seul, tandis que la LCR se rapproche d'autres forces comme le PCF ou les Alternatifs.

Enfin, une partie de la gauche notamment écologiste, et de l'extrême gauche se retrouve dans le mouvement dit « altermondialiste », qui entend lutter contre le libéralisme économique, avec l'association ATTAC notamment. Ce mouvement se pose en nouvel internationalisme face à la mondialisation et à l'aggravation des rivalités entre grandes puissances au détriment des pays pauvres et des populations. Il s'inscrit très majoritairement dans une perspective réformiste et keynésienne, visant à « humaniser » le capitalisme.

Cette dimension internationale du militantisme traduit bien la nouvelle donne qui s'impose à la France : sa place face à la mondialisation.

Le référendum du 29 mai 2005 portant sur le projet de traité constitutionnel européen. Sondage de la SOFRES (Enquête Unilog réalisée par téléphone le 29 mai 2005 pour TF1, RTL et *Le Monde* auprès d'un échantillon de 1500 personnes représentatif de l'ensemble de la population âgée de 18 ans et plus).

	Électeurs du « Oui »	Électeurs du « Non »
- TOTAL	45.5	54.5
SEXE		
- Homme	44	56
- Femme	46	54
ÂGE		
- 18 à 24 ans	41	59
- 25 à 34 ans	41	59
- 35 à 49 ans	35	65
- 50 à 64 ans	45	55
- 65 ans et plus	63	37

SITUATION PROFESSIONNELLE DE L'INTERVIEWÉ		
- Travaille à son compte	49	51
- Salarié	38	62
- Salarié du secteur public	36	64
- Salarié du secteur privé	39	61
- Chômeur	21	79
- Retraité	60	40
- Inactif	42	58
PROFESSION DU CHEF DE MÉNAGE		
- Commerçant, artisan, chef d'entreprise	45	55
- Cadre, profession intellectuelle	62	38
- ST Profession intermédiaire, employé	44	56
- Profession intermédiaire	46	54
- Employé	40	60
- Ouvrier	19	81
- Inactif, retraité	56	44
PRÉFÉRENCE PARTISANE		
- Gauche (EXG, PC, PS, MRC)	33	67
- Parti communiste	5	95
- Parti socialiste	41	59
- Verts et autres écologistes	36	64
- Droite (UDF, UMP, RPF, FN, MNR)	65	35
- UDF	76	24
- UMP	76	24
- FN+MNR	4	96
- Sans préférence partisane	39	61

NIVEAU DE DIPLÔME		
- Sans diplôme, certificat d'études	40	60
- BEPC, CAP, BEP	32	68
- Baccalauréat	41	59
- Enseignement supérieur	57	43

Conclusion générale

La période ouverte en 1914 a plusieurs visages, et on peut sans doute parler, en conséquence, *des* « XXe siècle » français. Le premier XXe siècle est en apparence principalement caractérisé par un certain immobilisme, ce qui n'exclut pas des tentatives de réformes, ou du moins des réflexions sur des réformes possibles. La société est majoritairement rurale : la France est certes une puissance industrielle, mais elle constitue surtout une nation de paysans. La stagnation démographique prévaut depuis les années 1870, et la saignée de la Grande Guerre vient encore l'accentuer. L'État commence à jouer un rôle régulateur, notamment dans les relations de travail, et ce rôle progresse d'un bond sous le Front populaire.

Amorcé par la reconstruction, après la Seconde Guerre mondiale, le deuxième XXe siècle est quant à lui marqué par un capitalisme de type « keynésien », caractérisé par un partage négocié des gains de productivité entre les entrepreneurs et les salariés. C'est l'ère de l'« État-Providence », définie par un puissant système de protection sociale, le temps aussi de la croissance rapide et régulière de la production et de la productivité dans tous les secteurs de l'économie, le moment enfin d'une forte progression des salaires, du pouvoir d'achat et de la consommation. Sur le plan institutionnel et politique, le pouvoir se stabilise et se renforce avec le passage de la IVe à la Ve République. C'est une période où les luttes sociales sont nombreuses et offensives, trouvant leur apogée en mai 1968.

Le dernier tiers du XXe siècle, enfin, s'ouvre avec un retournement de la conjoncture économique, au cœur des années 1970. Cette période se distingue par un ralentissement de la croissance et par une augmentation spectaculaire et continue du chômage. Les politiques sociales et économiques se modifient fortement sous le choc de cette situation. Elles se traduisent par une rigueur qui touche les salaires et le pouvoir d'achat et par une remise en cause progressive des acquis sociaux datant de la période précédente, ainsi que du rôle de l'État, qui se désengage de plus en plus dans le domaine économique et social. De « keynésien », le capitalisme devient essentiellement « libéral » et « actionnarial », par l'importance de la finance de marché et du rôle des actionnaires dans l'entreprise. La politique se règle sur cette conjoncture ; elle est frappée au sceau de l'alternance (gouvernements de droite entre 1986 et 1988, 1993 et 1997, et depuis 2002) et par la « cohabitation » d'un président de la République et d'un gouvernement d'appartenances politiques différentes (1986-1988 ; 1993-1995 ; 1997-2002).

Les antagonismes politiques, évidemment, n'ont pas disparu mais ils se sont déplacés. Le régime républicain n'est plus contesté. La tentation fasciste n'a pas pris racine en France, même si le régime de Vichy a été un régime antidémocratique et réactionnaire et a accueilli en son sein des hommes que l'idéologie nazie fascinait réellement. L'État pétainiste, s'il ne fut pas fasciste, s'est fait le complice des crimes nazis. Aujourd'hui, quelques nostalgiques de l'idéologie vichyste subsistent encore, mais le national-populisme, après tant d'avatars (au nombre desquels figure le « poujadisme » des années 1950) s'est modernisé lui aussi : sa principale force politique, le Front national, adhère pleinement au capitalisme sous sa forme ultra-libérale.

L'un des grands bouleversements du siècle, en France comme dans le monde, a été le communisme. L'espérance gigantesque et, en symétrie, la peur et la haine que la Révolution d'Octobre 1917 a engendrées, ont traversé le siècle. Mais ces sentiments ont fini par se transformer, dans le dernier quart du XXe siècle, en illusions perdues ou en mépris bien senti, tant les régimes qui se réclamaient du communisme ont été totalitaires, et tant les partis communistes, en particulier le Parti communiste français, leur ont fait allégeance sans critique. Premier parti de France pendant un tiers de siècle, le PCF n'en finit pas de décliner, même si, tel un phénix, il semble parfois renaître de ses cendres : c'est le cas en 2005, suite à sa campagne combative pour le « non » au référendum du 29 mai. Seuls quelques groupes politiques, très minoritaires, trotskistes et anarchistes principalement, continuent de croire en une société communiste non entachée par les crimes du stalinisme.

Peut-on parler, au sujet de la France aujourd'hui, d'une grande puissance ? Sa situation démographique, économique et politique tend bien davantage à lui conférer un rang intermédiaire : de ce point de vue, la caractérisation n'a guère changé depuis les années 1960, même si tous les critères d'appréciation ont connu d'importantes évolutions.

61 millions d'habitants : c'est bien plus qu'au début de ce siècle, mais c'est très peu au regard des 6,5 milliards de personnes qui peuplent la planète. La France dispose depuis 1945 d'un siège de membre permanent au Conseil de sécurité de l'Organisation des Nations unies (ONU). Elle peut également se targuer de sa force de dissuasion nucléaire, et s'appuyer sur les relations privilégiées entretenues sans discontinuer depuis la décolonisation avec de nombreux pays, notamment en Afrique. Par la francophonie, elle entend défendre l'usage et la place de la langue française dans le monde, mais cet objectif paraît de plus en plus difficile à atteindre face à l'hégémonie de l'anglais.

Membre du « G 8 », le Groupe des huit pays les plus industrialisés, la France est assurément une forte puissance industrielle. Mais dans le cadre de la mondialisation, sa position est fragile, avec l'interdépendance croissante des économies nationales, la place essentielle des multinationales et l'externalisation de la production. Pour faire face aux concurrences de tous ordres à l'échelle mondiale, les gouvernements français de gauche et de droite ont choisi de s'inscrire dans la construction d'une Europe économique, sous forme d'un marché unique européen. D'autres organisations internationales à vocation économique (Fonds monétaire international, Banque mondiale, Organisation mondiale du commerce), politique (ONU) et militaire (OTAN) tendent à remettre en cause la logique étatique.

La nation française représente pourtant toujours une référence, aux yeux de beaucoup. Il semble cependant que les pouvoirs publics tentent de lui conférer une importance nouvelle au moment même où son existence est fragilisée par des instances supranationales. Significativement, de nouvelles peines ont été instaurées en 2003 pour outrage au drapeau et à l'hymne national. Mais l'État-nation ne concentre plus l'essentiel des pouvoirs ; d'importants transferts de souveraineté sont à l'œuvre. La France ne fait pas exception : le progressif désengagement de l'État se réalise tout à la fois au profit des régions et des formes supraétatiques, avant tout l'Union européenne, élargie à vingt-cinq pays. Certes, il ne s'agit pas, à cette heure, d'un État fédéral européen dans lequel se seraient dissous les États-nations. Au moment où ces lignes sont écrites, la construction politique de l'Europe est au point mort, après le rejet massif, en France notamment, d'un de ses fondements, le traité constitutionnel européen. Ce résultat est sans doute le signe de réelles difficultés dans les rapports sociaux, économiques et politiques, tant en France qu'en Europe, et peut-être un appel à les repenser.

Bibliographie

Dictionnaires, instruments de travail

DUCLERT Vincent, PROCHASSON Christophe (dir.), *Dictionnaire critique de la République*, Paris, Flammarion, 2002.

JULLIARD Jacques, WINOCK Michel (dir.), *Dictionnaire des intellectuels français. Les personnes Les lieux Les moments*, Paris, Le Seuil, 1996.

RIOUX Jean-Pierre, SIRINELLI Jean-François (dir.), *La France d'un siècle à l'autre. 1914-2000. Dictionnaire critique*, Paris, Hachette, 1999.

SIRINELLI Jean-François (dir.), *Dictionnaire historique de la vie politique française*, Paris, PUF, 1995.

Histoires générales du XXe siècle français

AGULHON Maurice, *La République*, Paris, Hachette, 1990.

BERSTEIN Serge, MILZA Pierre, *Histoire de la France au XXe siècle*, Bruxelles, Complexe, 1991.

BERSTEIN Serge, WINOCK Michel (dir.), *La République recommencée de 1914 à nos jours*, Paris, Le Seuil, 2004.

RÉMOND René, avec la collaboration de Jean-François SIRINELLI, *Notre siècle de 1918 à 1991*, Paris, Fayard, 1991.

SIRINELLI Jean-François (dir.), *La France de 1914 à nos jours*, Paris, PUF, 1993.

Histoire sociale et économique

ARIÈS Philippe, DUBY Georges (dir.), *Histoire de la vie privée*. Tome V : *De la Première Guerre mondiale à nos jours*, Paris, Le Seuil, 1987.

ASSELAIN Jean-Charles, *Histoire économique de la France*, Paris, Le Seuil, 1984.

AUDOIN-ROUZEAU Stéphane, BECKER Annette, INGRAO Christian, ROUSSO Henry (dir.), *La Violence de guerre 1914-1945*, Paris-Bruxelles, Complexe, 2002.

BORNE Dominique, *Histoire de la société française depuis 1945*, Paris, Armand Colin, 1988.

CAPDEVILA Luc, ROUQUET François, VIRGILI Fabrice, VOLDMAN Danièle, *Hommes et femmes dans la France en guerre (1914-1945)*, Paris, Payot, 2003.

CARON François, *Les Deux Révolutions industrielles du XXe siècle*, Paris, Albin Michel, 1997.

CHAUVEAU Sophie, *L'Économie de la France au XXe siècle*, Paris, SEDES, 2000.

DEWERPE Alain, *Le Monde du travail en France*, Paris, Armand Colin, 1998.

DUPÂQUIER Jacques (dir.), *Histoire de la population française*. Tome IV. *De 1914 à nos jours*, Paris, PUF, 1988.

ECK Jean-François, *Histoire de l'économie française depuis 1945*, Paris, Armand Colin, 1990.

MARSEILLE Jacques, *Empire colonial et capitalisme français. Histoire d'un divorce*, Paris, Albin Michel, 1984.

MOULIN Annie, *Les Paysans dans la société française, de la Révolution à nos jours*, Paris, Le Seuil, 1988.

NOIRIEL Gérard, *Les Ouvriers dans la société française*, Paris, Le Seuil, 1986.

PROST Antoine, *Les Anciens Combattants et la société française (1914-1939)*, Paris, Presses de la Fondation nationale des sciences politiques, 1977.

RUHLMANN Jean, *Ni bourgeois, ni prolétaires : la défense des classes moyennes en France au XXe* siècle, Paris, Le Seuil, 2001.

VINCENT Gérard, *Les Français de 1945 à 1975*, Paris, Masson, 1977.

WEIL Patrick, *Qu'est-ce qu'un Français ? Histoire de la nationalité française depuis la Révolution*, Paris, Grasset, 2002.

WILLARD Claude (dir.), *La France ouvrière. Histoire de la classe ouvrière et du mouvement ouvrier français*, Paris, Éditions de l'Atelier, 1995.

Histoire politique

BECKER Jean-Jacques, *Histoire politique de la France depuis 1945*, Paris, Armand Colin, 2000.

BECKER Jean-Jacques, *Le Parti communiste veut-il prendre le pouvoir ? La stratégie du PCF, de 1930 à nos jours*, Paris, Le Seuil, 1981.

BERGOUNIOUX Alain, GRUNBERG Gérard, *Le Long Remords du pouvoir. Le Parti socialiste français (1905-1992)*, Paris, Fayard, 1992.

BERSTEIN Serge, RUDELLE Odile (dir.), *Le Modèle républicain*, Paris, PUF, 1992.

BERSTEIN Serge (dir.), *Les Cultures politiques en France*, Paris, Le Seuil, 1999.

BERSTEIN Serge, *Histoire du gaullisme*, Paris, Perrin, 2001.

CHAGNOLLAUD Dominique, QUERMONNE Jean-Louis, *Le Gouvernement de la France sous la Ve République*, Paris, Fayard, 1996.

CHEVALLIER Jean-Jacques, *Histoire des institutions et des régimes politiques de la France de 1789 à nos jours*, Paris, Dalloz, 1981.

COURTOIS Stéphane, LAZAR Marc, *Histoire du Parti communiste français*, Paris, PUF, 1995.

DREYFUS Michel *et alii*, *Le Siècle des communismes*, Paris, Éditions de l'Atelier, 2000.

MILZA Pierre, *Fascisme français. Passé et présent*, Paris, Flammarion, 1987.

RÉMOND René, *Les Droites en France*, Paris, Aubier, 1982.

ROSANVALLON Pierre, *L'État en France de 1789 à nos jours*, Paris, Le Seuil, 1990.

ROSANVALLON Pierre, *Le Peuple introuvable. Histoire de la représentation démocratique en France*, Paris, Gallimard, 1998.

SANTAMARIA Yves, *Histoire du Parti communiste français*, Paris, La Découverte, 1999.

TOUCHARD Jean, *La Gauche en France depuis 1900*, Paris, Le Seuil, 1981.

WINOCK Michel, *Nationalisme, antisémitisme et fascisme en France*, Paris, Le Seuil, 1990.

WINOCK Michel, *Histoire de l'extrême droite en France*, Paris, Le Seuil, 1993.

Cultures

BURGUIÈRE André, REVEL Jacques (dir.), *Histoire de la France. Les formes de la culture*, Paris, Le Seuil, 1993.

CHOLVY Gérard, HILAIRE Yves-Marie, *Histoire religieuse de la France contemporaine*, Toulouse, Payot, 1988.

CORBIN Alain (dir.), *L'Avènement des loisirs (1850-1960)*, Paris, Aubier, 1995.

GOETSCHEL Pascale, LOYER Emmanuelle, *Histoire culturelle de la France de la Belle Époque à nos jours*, Paris, Armand Colin, 2004.

JEANNENEY Jean-Noël, CHAUVEAU Agnès (dir.), *L'Écho du siècle. Dictionnaire historique de la radio et de la télévision en France*, Paris, Hachette Littératures, 1999.

KALIFA Dominique, *La Culture de masse en France, tome I : 1860-1930*, Paris, La Découverte, 2001.

MISSIKA Jean-Louis, WOLTON Dominique, *La Folle du logis. La télévision dans les sociétés démocratiques*, Paris, Gallimard, 1983.

ORY Pascal, SIRINELLI Jean-François, *Les Intellectuels en France de l'Affaire Dreyfus à nos jours*, Paris, Armand Colin, 1986.

ORY Pascal, *L'Entre-deux-mai : histoire culturelle de la France mai 1968-mai 1981*, Paris, Le Seuil, 1983.

RIOUX Jean-Pierre, SIRINELLI Jean-François (dir.), *La Culture de masse en France, de la Belle Époque à nos jours*, Paris, Fayard, 2002.

RIOUX Jean-Pierre, SIRINELLI Jean-François, *Histoire culturelle de la France.* Tome IV : *Le temps des masses. Le vingtième siècle*, Paris, Le Seuil, 1998.

YONNET Paul, *Jeux, modes et masses. La société française et le moderne (1945-1985)*, Paris, Gallimard, 1985.

École et société

ALBERTINI Pierre, *L'École en France de la maternelle à l'Université*, Paris, Hachette, 1992.

CHANET Jean-François, *L'École républicaine et les petites patries*, Paris, Aubier, 1996.

LOUBES Olivier, *L'École et la Patrie. Histoire d'un désenchantement (1914-1940)*, Paris, Armand Colin, 2001.

PROST Antoine, *Histoire générale de l'enseignement et de l'éducation en France*. Tome IV : *L'École et la Famille dans une société en mutation (1930/1980)*, Paris, Nouvelle Librairie de France, 1981.

PROST Antoine, *Éducation, société et politique. Une histoire de l'enseignement de 1945 à nos jours*, Paris, Le Seuil, 1997.

Histoire de l'immigration

AMAR Marianne, MILZA Pierre, *L'Immigration en France au XXe siècle*, Paris, Armand Colin, 1990.

BLANC-CHALÉARD Marie-Claude, *Histoire de l'immigration*, Paris, La Découverte, 2001.

NOIRIEL Gérard, *Le Creuset français. Histoire de l'immigration, XIXe -XXe siècle*, Paris, Le Seuil, 1992.

SHOR Ralph, *Histoire de l'immigration en France, de la fin du XIXe siècle à nos jours*, Paris, Armand Colin, 1996.

WEIL Patrick, *La France et ses étrangers*, Paris, Calmann-Lévy, 1991.

Première Guerre mondiale

AUDOIN-ROUZEAU Stéphane, *Les Combattants des tranchées. À travers leurs journaux : 14-18*, Paris, Armand Colin, 1986.

AUDOIN-ROUZEAU Stéphane et BECKER Annette, *14-18 Retrouver la guerre*, Paris, Gallimard, 2000.

AUDOIN-ROUZEAU Stéphane, BECKER Annette, COEURÉ Sophie, DUCLERT Vincent, MONIER Frédéric (dir.), *La Politique et la guerre. Pour comprendre le XXe siècle européen*, Paris, Noésis, 2002.

BECKER Jean-Jacques, *Comment les Français sont entrés dans la guerre*, Paris, Presses de la Fondation nationale des sciences politiques, 1977.

CABANES Bruno, *La Victoire endeuillée. La sortie de guerre des soldats français (1918-1920)*, Paris, Le Seuil, 2004.

COCHET François, *Survivre au front 1914-1918. Les Poilus entre contrainte et consentement*, 14-18 Éditions, 2005.

ROUSSEAU Frédéric, *La Guerre censurée. Une histoire des combattants européens de 14-18,* Paris, Le Seuil, 1999.

THÉBAUD Françoise, *La Femme au temps de la guerre de 14,* Paris, Stock, 1986.

L'entre-deux-guerres

BERSTEIN Serge, *La France des années 30,* Paris, Armand Colin, 1993.

BORNE Dominique, DUBIEF Henri, *La Crise des années trente. 1929-1938,* Paris, Le Seuil, 1989.

DARD Olivier, *Les Années 30,* Paris, Le Livre de Poche, 1999.

KERGOAT Jacques, *La France du Front populaire,* Paris, La Découverte, 2003.

MONIER Frédéric, *Le Front populaire,* Paris, La Découverte, 2002.

MONIER Frédéric, *Les Années 20,* Paris, Le Livre de Poche, 2003.

ORY Pascal, *La Belle Illusion. Culture et politique sous le signe du Front populaire 1935-1938,* Paris, Plon, 1994.

La Deuxième Guerre mondiale, Vichy et la Libération

AZÉMA Jean-Pierre, *De Munich à la Libération 1938-1944,* Paris, Le Seuil, 1979.

AZÉMA Jean-Pierre et BÉDARIDA François (dir.), *Le régime de Vichy et les Français,* Paris, Fayard, 1992.

AZÉMA Jean-Pierre, BÉDARIDA François (dir.), *La France des années noires,* Paris, Le Seuil, 2000.

BURRIN Philippe, *La France à l'heure allemande (1940-1944),* Paris, Le Seuil, 1995.

FERRO Marc, *Pétain,* Paris, Fayard, 1987.

KASPI André *et alii, La Libération de la France, juin 1944-janvier 1946,* Paris, Perrin, 1995.

LABORIE Pierre, *L'Opinion française sous Vichy,* Paris, Le Seuil, 2001.

LABORIE Pierre, *Les Français des années troubles. De la guerre d'Espagne à la Libération,* Paris, Desclée de Brouwer, 2001, rééd. Point Seuil Histoire, 2003.

MURACCIOLE Jean-François, *Les Enfants de la défaite. La Résistance, l'éducation et la culture,* Paris, Presses de la F.N.S.P., 1998.

MURACCIOLE Jean-François, *La France pendant la Seconde Guerre mondiale. De la défaite à la Libération,* Paris, Le Livre de Poche, 2002.

PAXTON Robert, *La France de Vichy 1940-1944,* Paris, Le Seuil, 1973.

ROUSSO Henry, *Le Syndrome de Vichy de 1944 à nos jours,* Paris, Le Seuil, 1987.

VEILLON Dominique, *Vivre et survivre en France 1939-1947,* Paris, Payot, 1995.

La IVe République

BÉDARIDA François, RIOUX Jean-Pierre (dir.), *Pierre Mendès France et le mendésisme. L'expérience gouvernementale (1954/1955) et sa postérité*, Paris, Fayard, 1985.

BORNE Dominique, *Petits-bourgeois en révolte ? Le mouvement Poujade*, Paris, Flammarion, 1977.

ELGEY Georgette, *Histoire de la Quatrième République*, tome I, *La République des illusions, 1945-1951*, Paris, Fayard, 1993 ; tome II, *La République des contradictions*, 1993 ; tome III, *La République des tourmentes, 1954-1959*, 1997.

GOETSCHEL Pascale, TOUCHEBŒUF Bénédicte, *La IVe République. La France de la Libération à 1958*, Paris, Le Livre de Poche, 2004.

RIOUX Jean-Pierre, *La France de la Quatrième République*. Tome I. *L'ardeur et la nécessité*, Paris, Le Seuil, 1980

RIOUX Jean-Pierre, *La France de la Quatrième République*. Tome II. *L'expansion et l'impuissance*, Paris, Le Seuil, 1983.

WINOCK Michel, *La République se meurt. 1956-1958*, Paris, Gallimard, 1985.

La guerre d'Algérie

BRANCHE Raphaëlle, *La Torture et l'armée pendant la guerre d'Algérie. 1954-1962*, Paris, Gallimard, 2001.

DROZ Bernard, LEVER Évelyne, *Histoire de la guerre d'Algérie 1954/1962*, Paris, Le Seuil, 1982.

FRÉMEAUX Jacques, *La France et l'Algérie en guerre 1830-1870 1954-1962*, Paris, Economica et Institut de Stratégie comparée, 2002.

GERVEREAU Laurent, RIOUX Jean-Pierre, STORA Benjamin (dir.), *La France en guerre d'Algérie*, Paris, B.D.I.C., 1992.

JAUFFRET Jean-Charles (dir.), *Des hommes et des femmes en guerre d'Algérie*, Paris, Autrement, 2003.

JAUFFRET Jean-Charles, *Soldats en Algérie 1954/1962. Expériences contrastées des hommes du contingent*, Paris, Autrement, 2000.

PERVILLÉ Guy, *Pour une histoire de la guerre d'Algérie*, Paris, Picard, 2002.

RIOUX Jean-Pierre (dir.), *La Guerre d'Algérie et les Français. Colloque de l'Institut d'histoire du temps présent*, Paris, Fayard, 1990.

Les années 1960

BERNARD Mathias, *La France de mai 1958 à mai 1981, la grande mutation*, Paris, Le Livre de Poche, 2003.

BERSTEIN Serge, *La France de l'expansion.* Tome I. *La République gaullienne 1958-1969*, Paris, Le Seuil, 1989.

DREYFUS-ARMAND Geneviève, FRANK Robert, LÉVY Marie-Françoise, ZANCARINI-FOURNEL Michelle, *Les Années 68 Le temps de la contestation*, Bruxelles, Complexe, 2000.

ROSS Kristin, *Mai 1968 et ses vies ultérieures*, Paris, Complexe, 2005.

SIRINELLI Jean-François, *Les Baby-boomers. Une génération 1945-1969*, Paris, Fayard, 2003.

WINOCK Michel, *Chronique des années 1960*, Paris, Le Seuil, 1987.

De la prospérité à la crise

BECKER Jean-Jacques, *Crises et alternances (1974-1995)*, Paris, Le Seuil, 1998.

BERSTEIN Serge, RIOUX Jean-Pierre, *La France de l'expansion.* Tome II, *Croissance et crise 1969-1974*, Paris, Le Seuil, 1995.

BOSSUAT Gérard, *L'Europe des Français*, Paris, Publications de la Sorbonne, 1996.

DELANNOI Gil, *Les années utopiques (1968-1978)*, Paris, La Découverte, 1990.

DONEGANI Jean-Marie, SADOUN Marc, *La Ve République. Naissance et mort*, Paris, Calmann-Lévy, 1998.

MONTBRIAL Thierry de (dir.), *La France du nouveau siècle*, Paris, PUF, 2002.

Table des matières

Dépôt légal, avril 2006